COLEÇÃO

INTELIGÊNCIA ARTIFICIAL

GOVERNANÇA DE DADOS COM IA

VOLUME 3

GUIA DE IMPLANTAÇÃO

Prof. Marcão - Marcus Vinícius Pinto

Aviso de isenção de responsabilidade:

Observe que as informações contidas neste documento são apenas para fins educacionais e de entretenimento. Todos os esforços foram feitos para fornecer informações completas precisas, atualizadas e confiáveis. Nenhuma garantia de qualquer tipo é expressa ou implícita.

Ao ler este texto, o leitor concorda que, em nenhuma circunstância, os autores são responsáveis por quaisquer perdas, diretas ou indiretas, incorridas como resultado do uso das informações contidas neste livro, incluindo, mas não se limitando, a erros, omissões ou imprecisões.

ISBN: 9798344281186

Selo editorial: Independently published

Sumário

Prefácio

A era da Inteligência Artificial (IA) não se constrói apenas com algoritmos sofisticados, mas, sobretudo, com a qualidade, integridade e segurança dos dados que alimentam esses sistemas.

No centro dessa revolução, está a governança de dados — uma prática que transcende a gestão comum e impõe disciplina, estrutura e alinhamento estratégico às informações que movimentam as organizações.

Este terceiro volume da coleção "Governança de Dados com IA", intitulado "Governança de Dados com IA – Volume 3: Guia de Implantação", é um recurso indispensável para qualquer profissional que precise compreender como implementar governança de dados em ambientes de IA.

Mais do que uma simples leitura técnica, este livro foi concebido para oferecer um guia prático, detalhado e estruturado, levando o leitor a um entendimento profundo de cada etapa envolvida na implantação de uma governança de dados eficaz.

A quem se destina este livro?

Se você é cientista de dados, engenheiro de dados, gestor de TI, auditor de sistemas ou profissional de conformidade e segurança, este livro foi escrito pensando em você.

A complexidade do ecossistema de IA exige uma abordagem sólida para a gestão de dados, e é exatamente isso que esta obra oferece.

Para os cientistas de dados e engenheiros, ele fornece a base técnica e estratégica necessária para que a arquitetura de dados seja implantada com sucesso, garantindo que os modelos de IA possam operar com dados confiáveis e consistentes.

Para gestores de TI e auditores, o livro oferece uma visão clara sobre as melhores práticas para assegurar que os dados estejam alinhados às regulamentações de conformidade e segurança, minimizando riscos e aumentando a eficiência operacional.

Organizado em tópicos, o livro cobre desde os princípios de governança versus gestão de dados até a implementação de áreas críticas como a gestão de operações de banco de dados, segurança de dados, qualidade dos dados e metadados.

Cada capítulo fornece insights sobre os atores responsáveis por essas gestões e os aspectos-chave para o sucesso da implantação. O foco prático permeia cada seção, com orientações claras e detalhadas, levando o leitor por um caminho seguro, desde a concepção até a plena implementação da governança de dados.

Este volume não é apenas um guia técnico, mas uma ferramenta estratégica para líderes e profissionais que estão na linha de frente da transformação digital. As práticas aqui discutidas não são teóricas; são aplicáveis e adaptáveis às realidades empresariais.

E o impacto da governança de dados bem implantada não se limita ao ambiente de TI. Ela se reflete diretamente nos resultados de negócios, na capacidade de inovação e na confiança que a organização pode construir com seus stakeholders.

Entretanto, este é apenas um passo de uma jornada essencial no campo da inteligência artificial. Este volume é parte de uma coleção maior, "Inteligência Artificial: o Poder dos Dados", que explora, em profundidade, diferentes aspectos da IA e da ciência de dados.

Os demais volumes abordam temas igualmente cruciais, como a integração de sistemas de IA, a análise preditiva e o uso de algoritmos avançados para tomada de decisões.

Ao adquirir e explorar os demais livros da coleção, você terá uma visão completa e detalhada dos elementos críticos que moldam o futuro da IA e da gestão de dados. Essa coleção oferece as ferramentas intelectuais necessárias para transformar sua organização e colocá-la na vanguarda da revolução digital.

Prepare-se para uma leitura rica e transformadora. O futuro da IA começa com os dados — e você está prestes a dominá-los.

Tenha bons aprendizados!

Prof. Marcão - Marcus Vinícius Pinto

Mestre em Tecnologia da Informação
Especialista em Tecnologia da Informação.
Consultor, Mentor e Palestrante sobre Inteligência Artificial,
Arquitetura de Informação e Governança de Dados.
Fundador, CEO, professor e
orientador pedagógico da MVP Consult.

1. Introdução.

No vasto mundo da governança de dados, é imprescindível possuir uma perspectiva abrangente e estruturada para navegar nas complexidades e desafios inerentes a essa área.

Neste texto, adentramos em um universo desconhecido, mergulhando de cabeça em conceitos e práticas fundamentais que revigorarão a forma como compreendemos e gerenciamos dados.

Com ênfase no Framework de Governança de Dados do DAMA International, esta obra apresenta uma visão sofisticada sobre a governança, a auditoria de modelos de dados, as abreviações e os históricos das companhias e instituições que se consolidaram por meio de eficiente gestão de informações ao longo dos séculos.

Buscar a excelência na governança de dados transcende o valor imediato que os dados possam oferecer. Somos confrontados com a compreensão de que os dados são como um petróleo cru, sem valor por si só.

É somente por meio de uma governança eficaz, análise criteriosa e aplicação adequada dos conceitos da arquitetura de informação que conseguimos destilar esse petróleo bruto em ouro líquido, gerando valor substancial e impacto positivo em nossas organizações.

Inspirados pelas palavras impactantes do CEO da Microsoft, Satya Nadella, somos levados a questionar profundamente o papel dos dados em nossas vidas e a importância de governá-los com sabedoria.

Adentrando os capítulos deste livro, você terá acesso a um mundo de conhecimento estruturado, onde a governança dos dados se ergue como o alicerce de uma administração eficiente e sustentável.

Através de exemplos práticos e embasamento teórico, você entenderá como os fundamentos da governança são aplicados na prática e como podemos efetivamente desenhar estruturas para atender às necessidades de nossas organizações.

A auditoria dos modelos de dados, um aspecto de extrema relevância na administração de informações, desempenha um papel crucial em nossa busca incessante por confiabilidade e qualidade.

Neste livro, exploraremos o potencial dessa prática indispensável, descobrindo melhores formas de identificar e corrigir falhas, garantindo a integridade dos sistemas de informação e mitigando riscos.

Com uma abordagem prática e detalhada, aprenderemos a aplicar as técnicas de auditoria mais avançadas, as quais desempenharão um papel essencial em nossos esforços de garantir a precisão e segurança de nossos valiosos dados.

À medida que desvendamos os mistérios das abreviações e históricos das organizações, somos imersos em uma jornada através do tempo, caminhando entre os passos visionários de grandes líderes que compartilharam a visão da importância dos dados e deixaram um legado duradouro.

Suas histórias nos inspirarão a elevar nossos próprios padrões, aprimorando a governança de dados e acelerando nossa busca pela excelência.

Como políticas e normas presentes no O presente guia foi desenvolvido com base nas diretrizes do Framework de Governança de Dados do DAMA International1 e do Dicionário de Gerenciamento de Dados DAMA2,, temos:

1. Definição de responsabilidades.
2. Políticas e procedimentos.
3. Qualidade de dados.
4. Segurança da informação.
5. Conformidade regulatória.
6. Definição de responsabilidades.
7. Políticas e procedimentos.
8. Qualidade de dados.
9. Segurança da informação.
10. Conformidade regulatória.
11. Gestão de metadados.

Cada órgão ou entidade da estrutura de uma organização é parte fundamental nesse sistema de governança de dados e deve ser responsável pela implementação das ações descritas neste guia, garantindo o seu sucesso.

O Framework de Governança de Dados do DAMA International se refere a um conjunto de práticas e diretrizes estabelecidas pela DAMA International, uma organização sem fins lucrativos dedicada à gestão e governança de dados.

---

1 Data Management Body of Knowledge.

2 DAMA Dictionary of Data Management.

Esse framework tem como objetivo fornecer orientações para a governança eficaz dos dados dentro das organizações.

O DAMA International é amplamente reconhecido como uma das principais autoridades em governança de dados no mundo. Seu framework é baseado em princípios fundamentais, melhores práticas e padrões do setor.

Ele aborda várias dimensões da governança de dados, incluindo estratégia, organização, arquitetura, integração, qualidade, segurança e conformidade.

O Framework de Governança de Dados do DAMA International começou a ganhar destaque como uma referência mundial na área de governança de dados a partir de sua criação, que ocorreu em 1980 nos Estados Unidos.

A ampla adoção e o reconhecimento global do framework do DAMA International são resultado de sua eficácia e capacidade de fornecer orientação prática para a implementação de governança de dados.

Ao seguir o Framework de Governança de Dados do DAMA International, as organizações podem estabelecer um processo sistemático para gerenciar seus ativos de dados de forma eficiente, garantindo a qualidade, a segurança e a conformidade em toda a empresa.

Isso envolve a definição de papéis e responsabilidades claras, a criação de políticas e diretrizes, o estabelecimento de processos de controle de qualidade, entre outras práticas essenciais.

É possível observar as Práticas contidas no Modelo DAMA, bem como as práticas adaptadas ao contexto do Município de Belo Horizonte que deram origem ao Modelo de Governança de Dados da instituição.

1 Governança de dados versus gestão de dados.

Ao se tratar da governança de dados é importante diferenciá-la da gestão de dados devido à importância destes conceitos na área de gerenciamento de informações. Enquanto algumas pessoas podem usar esses termos de forma intercambiável, eles têm definições e objetivos distintos.

Em termos simples, a governança de dados é o conjunto de políticas, processos, diretrizes e estruturas organizacionais que são estabelecidos para garantir o uso eficaz e eficiente dos dados em uma instituição.

Ela visa estabelecer um quadro de responsabilidades e tomadas de decisão para garantir que os dados sejam adequadamente gerenciados, protegidos, devidamente utilizados e alinhados aos objetivos estratégicos e regulamentações aplicáveis.

A governança de dados está relacionada à definição de políticas organizacionais em relação à qualidade, segurança, privacidade, integridade, consistência e usabilidade dos dados.

Ela envolve a criação de regras e regulamentos para orientar as atividades de coleta, armazenamento, manutenção, compartilhamento e descarte de dados ao longo de seu ciclo de vida.

Além disso, a governança de dados também trata da definição de papéis e responsabilidades para as partes interessadas relevantes, bem como de mecanismos de monitoramento e conformidade.

A gestão de dados se concentra nos aspectos operacionais do gerenciamento das informações. Ela engloba as atividades práticas envolvidas na coleta, armazenamento, organização, limpeza, análise e uso dos dados para apoiar os processos de negócios e tomar decisões informadas.

A gestão de dados envolve o uso de tecnologias, ferramentas e metodologias para garantir que os dados estejam corretamente estruturados, padronizados e disponíveis para os usuários autorizados.

A gestão de dados abrange a manutenção de bancos de dados, implementação de políticas de segurança e backup, integração de dados de diferentes fontes, garantia da qualidade dos dados e disponibilização de informações relevantes para as partes interessadas.

Ela se concentra no dia a dia do gerenciamento operacional dos dados, visando garantir que eles estejam atualizados, corretos, acessíveis e entregues no formato certo e na hora certa.

É possível concluir-se que a governança de dados define as diretrizes e estruturas organizacionais para garantir uma gestão efetiva dos dados, enquanto a gestão de dados se concentra nas atividades práticas e operacionais relacionadas à coleta, armazenamento, organização e uso diário dos dados.

Esses dois conceitos estão inter-relacionados e são complementares, pois, uma governança eficaz é fundamental para garantir o sucesso da gestão de dados em qualquer instituição.

2 Implementação da governança de dados.

> "Governança de dados é o processo pelo qual as organizações exercem autoridade e controlo sobre a gestão de dados."
> Sid Adelman.[3]

Existe uma pergunta que direciona todo o processo de implantação da governança de dados em uma instituição.

Esta pergunta é

O QUE A EMPRESA DESEJA FAZER COM OS DADOS?

A resposta a esta pergunta define a estratégia de dados e deve ser clara e fácil de compreensão. Se apenas um cientista de dados puder entender a estratégia, é improvável que ela seja bem-sucedida, se todos quiserem aderir. A governança de dados desempenha um papel fundamental no apoio desta estratégia em todas as etapas.

Mas antes que a governança de dados possa apoiar esta estratégia, a governança de dados deve ser implementada.

---

[3] Sid Adelman é um renomado especialista em governança de dados e qualidade de dados, sendo um dos pioneiros e influenciadores nessa área. A citação destaca a importância da governança de dados para garantir a qualidade, integridade, segurança e conformidade dos dados dentro de uma organização, promovendo a tomada de decisões estratégicas e eficazes com base em informações confiáveis.

Vamos dar uma olhada nas dez áreas temáticas para implementar a governança de dados:

2.1   Implementando a gestão da arquitetura de dados.

Na instituição, a gestão da arquitetura de dados desempenha um papel fundamental na governança de dados. A implementação desse processo visa garantir a qualidade, a integridade e a disponibilidade das informações em toda a instituição.

Para começar, é essencial que haja um entendimento claro dos objetivos e necessidades da instituição em relação aos dados. Isso envolve identificar quais dados são relevantes para a administração pública, como eles são coletados, armazenados e compartilhados, além de definir os padrões e diretrizes para seu uso.

A arquitetura de dados é então estabelecida como um conjunto de diretrizes, políticas, técnicas e ferramentas que orientam a instituição e o gerenciamento dos dados.

Isso inclui definir modelos de dados padronizados, estruturas de armazenamento, processos de captura e transformação de dados, além de estabelecer protocolos de segurança e privacidade.

A implementação da gestão da arquitetura de dados é um esforço contínuo, que requer a colaboração e o engajamento de diferentes áreas da instituição. É preciso envolver os gestores de dados, as equipes de TI, os profissionais de segurança da informação e os responsáveis pelas políticas de privacidade.

Um aspecto-chave é a catalogação dos dados, ou seja, documentar e categorizar todos os datasets disponíveis na instituição.

Isso possibilita um melhor entendimento dos dados existentes, facilita o compartilhamento de informações entre os departamentos e ajuda a evitar a duplicação desnecessária de esforços na coleta e análise de dados.

Além disso, a gestão da arquitetura de dados envolve a definição de responsabilidades claras.

É fundamental atribuir papéis e responsabilidades aos profissionais envolvidos, como gestores de dados, arquitetos de dados, administradores de banco de dados e analistas de dados.

Eles serão responsáveis por garantir que os padrões e as diretrizes estabelecidos sejam seguidos e implementados corretamente.

Outro ponto importante é a garantia da qualidade dos dados. Isso envolve a realização de auditorias periódicas, a resolução de problemas de integridade e consistência dos dados, além do monitoramento do desempenho dos sistemas de gerenciamento de dados.

Por fim, a governança de dados deve ser um processo adaptativo e evolutivo.

É fundamental que a arquitetura de dados seja revisada e atualizada regularmente, levando em consideração as mudanças nas necessidades da instituição, a evolução das tecnologias e as exigências regulatórias.

Dessa forma, a implementação da gestão da arquitetura de dados na governança de dados da instituição garantirá uma base sólida para a tomada de decisões, promovendo uma administração pública mais eficiente, transparente e orientada por dados confiáveis.

2.1.1 Aspectos-chave.

A implantação da gestão da arquitetura de dados na governança de dados requer a consideração de diversos pré-requisitos essenciais que devem ser abordados antes de implementar a gestão da arquitetura de dados, tais como:

1. Compreensão dos objetivos e necessidades. Antes de implantar a gestão da arquitetura de dados, é fundamental ter uma compreensão clara dos objetivos e necessidades da administração pública. Isso envolve identificar quais dados são relevantes para a instituição, como eles são coletados, armazenados e compartilhados, além de definir os padrões e as diretrizes para seu uso.

2. Definição de uma estratégia de governança de dados. A instituição deve estabelecer uma estratégia clara de governança de dados, na qual a gestão da arquitetura de dados está inserida. Essa estratégia deve delinear os objetivos, as metas e os princípios que nortearão a governança de dados, além de identificar os papéis e responsabilidades dos diversos atores envolvidos.

3. Estabelecimento de uma equipe dedicada à gestão de dados. A instituição deve montar uma equipe especializada em gestão de dados, formada por profissionais capacitados em arquitetura de dados, governança e qualidade dos dados. Essa equipe será responsável por implementar e manter a arquitetura de dados, garantindo sua conformidade com as diretrizes da governança de dados.

4. Catalogação dos dados. É necessário realizar a catalogação completa dos dados disponíveis na instituição. Isso envolve documentar e categorizar todos os conjuntos de dados, identificando seu significado, origem, formato e relacionamentos.

A catalogação dos dados facilita a gestão e o compartilhamento de informações, evitando a duplicação desnecessária de esforços.

5. Definição de padrões e diretrizes. A instituição deve estabelecer padrões e diretrizes claros para a arquitetura de dados. Isso inclui definir modelos de dados padronizados, estruturas de armazenamento, processos de captura e transformação de dados, além de estabelecer protocolos de segurança e privacidade.

6. Investimento em infraestrutura e tecnologia. É fundamental que a instituição invista em infraestrutura e tecnologia adequadas para suportar a gestão da arquitetura de dados. Isso inclui a adoção de sistemas de gerenciamento de dados eficientes, ferramentas de análise e visualização de dados, além de mecanismos de segurança e proteção de dados.

7. Desenvolvimento de competências. A instituição deve investir no desenvolvimento de competências em gestão de dados entre seus profissionais. Isso envolve treinamentos e capacitações para gestores, analistas e equipe de TI, garantindo que eles possuam o conhecimento necessário para implementar e manter a arquitetura de dados de forma eficaz.

2.2   Implementando o desenvolvimento do dado.

Para implementar o desenvolvimento de dados na governança de dados da instituição, são necessárias as seguintes etapas:

1. Identificação das necessidades de dados. É fundamental compreender as necessidades dos diferentes departamentos e usuários finais da instituição em relação aos dados. Isso requer uma análise detalhada para identificar quais informações são relevantes, como elas serão utilizadas e quais requisitos de qualidade e integridade devem ser atendidos.

2. Planejamento e estruturação dos dados. Com base nas necessidades identificadas, é necessário planejar e estruturar os dados de forma consistente e padronizada. Isso envolve a definição de modelos de dados, formatos de armazenamento, padrões de nomenclatura e estratégias de integração.

3. Coleta e tratamento dos dados. Nesta etapa, os dados são coletados, seja por meio de fontes internas ou externas à instituição. Uma vez coletados, os dados passam por processos de limpeza, validação, transformação e enriquecimento, garantindo sua qualidade e consistência.

4. Armazenamento e gerenciamento dos dados. Uma infraestrutura adequada de armazenamento e gerenciamento de dados é essencial. A instituição deve implementar sistemas de gerenciamento de bancos de dados eficientes e escaláveis, que garantam a disponibilidade, a integridade e a segurança dos dados.

5. Disponibilização e compartilhamento dos dados. A governança de dados da instituição deve promover a disponibilização e o compartilhamento eficiente dos dados. Isso pode ser feito por meio de portais, APIs ou outras formas de acesso seguro aos dados, seguindo os protocolos estabelecidos de segurança e privacidade.

6. Monitoramento e garantia da qualidade dos dados. É crucial monitorar continuamente a qualidade dos dados para garantir sua integridade e confiabilidade. A instituição deve estabelecer indicadores de qualidade, realizar auditorias periódicas e implementar mecanismos de detecção precoce de anomalias ou inconsistências nos dados.

7. Evolução e melhoria contínua dos dados. O desenvolvimento de dados deve ser um processo contínuo, adaptando-se às mudanças nas necessidades e demandas da instituição. A governança de dados deve promover a inovação e a melhoria contínua, buscando

atualizar e aprimorar a infraestrutura, os processos e as estratégias de dados.

Para que seja possível se ter a dimensão da diversidade e da riqueza dos dados de uma entidade do porte da Prefeitura de Belo Horizonte está presente neste documento a relação de tabelas do modelo corporativo conceitual implementado no Portal de Dados Abertos.

O ANEXO II apresenta a estrutura das tabelas do Modelo Corporativo de Portal de Dados Abertos da instituição. Esse modelo foi criado para organizar e tornar mais acessíveis as informações disponibilizadas no Portal de Dados Abertos da Prefeitura de Belo Horizonte (instituição).

A estrutura das tabelas foi elaborada levando em consideração as necessidades de governança de dados e a padronização das informações. Cada tabela representa um conjunto de dados específico, e seus atributos foram selecionados de acordo com critérios de relevância e utilidade para os usuários.

O Modelo Corporativo de Portal de Dados Abertos é composto por diversas tabelas que abrangem diferentes áreas, tais como educação, saúde, transporte, meio ambiente, entre outras. Cada tabela possui uma estrutura consistente, com colunas que representam os atributos das informações disponibilizadas.

Os atributos presentes em cada tabela são organizados de forma hierárquica, permitindo uma melhor compreensão e facilidade na utilização dos dados. Além disso, a estrutura das tabelas segue as boas práticas de modelagem de dados, como a normalização, garantindo assim a consistência e integridade das informações.

2.2.1   Atores do desenvolvimento do dado.

A governança de dados da instituição envolve uma série de atores que trabalham em conjunto para garantir que os dados sejam gerenciados de forma eficaz e estejam disponíveis para suportar a tomada de decisões e as atividades cotidianas.

1. Gestores de dados. Esses profissionais estão encarregados da organização e gestão dos dados da instituição. Eles supervisionam a coleta, o armazenamento, a integridade, a segurança e o acesso a esses dados. Os gestores de dados têm a responsabilidade de garantir que os dados estejam disponíveis e possam ser utilizados de forma confiável por toda a instituição.

2. Servidores das áreas de negócio. Esses atores são os especialistas em suas respectivas áreas e possuem um conhecimento profundo das necessidades de dados para tomada de decisões. Eles trabalham em conjunto com os gestores de dados para definir os requisitos e garantir que os dados sejam relevantes e úteis para as suas atividades diárias.

3. Desenvolvedores de aplicações e sistemas. Eles são responsáveis por criar e manter os sistemas e aplicações que utilizam os dados governados. Os desenvolvedores desempenham um papel fundamental na implementação das políticas de governança de dados e na garantia da qualidade dos dados utilizados por essas aplicações.

4. Usuários dos dados. Estes podem ser os cidadãos e empresas que consomem informações disponibilizadas pela instituição. Engajar e conscientizar esses atores sobre a importância da governança de dados é fundamental para garantir a adesão ao processo.

5. Gestores. Têm a responsabilidade de fornecer o suporte necessário para a implementação da governança de dados, fornecendo

recursos suficientes e estabelecendo uma cultura organizacional que valorize dados de qualidade e tomada de decisões baseadas em dados.

2.2.2 Aspectos-chave.

Para a implantação bem-sucedida do desenvolvimento de dados na governança de dados da instituição, alguns pré-requisitos devem ser considerados:

1. Comprometimento da alta administração. É fundamental que a liderança da instituição esteja comprometida e engajada no processo de governança de dados. Isso envolve a compreensão da importância dos dados e o suporte ativo na implementação de uma estratégia eficaz.

2. Definição de políticas e diretrizes. É necessário estabelecer políticas e diretrizes claras para o desenvolvimento de dados na governança de dados da instituição. Essas diretrizes devem abordar aspectos como qualidade dos dados, segurança da informação, privacidade dos dados, entre outros.

3. Estrutura organizacional adequada. A instituição precisa criar uma estrutura organizacional adequada para promover a governança de dados. Isso pode incluir a designação de uma equipe responsável pela governança de dados, com funções e responsabilidades bem definidas.

4. Avaliação e gestão dos dados existentes. Antes de iniciar o desenvolvimento de dados na governança de dados da instituição, é importante realizar uma avaliação dos dados existentes. Isso envolve identificar problemas de qualidade, realizar a padronização e a limpeza dos dados, se necessário.

5. Ferramentas e tecnologias apropriadas. A instituição deve investir em ferramentas e tecnologias adequadas para o desenvolvimento de dados. Isso pode incluir a implementação de um sistema eficiente de gerenciamento de dados, o uso de técnicas avançadas de análise de dados e a adoção de práticas robustas de segurança.

6. Capacitação e conscientização. A capacitação dos funcionários desempenha um papel fundamental na implementação do desenvolvimento de dados na governança de dados da instituição. Os colaboradores devem receber treinamento adequado sobre as políticas, diretrizes e melhores práticas de governança de dados.

7. Monitoramento e revisão contínuos. A governança de dados é um processo contínuo. A instituição deve estabelecer mecanismos de monitoramento e revisão regular para garantir a atualização das políticas e práticas de desenvolvimento de dados, de acordo com as necessidades em constante evolução.

2.3 Implementando a gestão de operações do sistema gerenciador de banco de dados,

A implementação da Gestão de Operações do SGBD na governança de dados da instituição será realizada em várias etapas. Primeiro, será feito um levantamento detalhado dos requisitos e necessidades da instituição em relação aos dados armazenados em seus sistemas. Isso inclui a identificação dos dados críticos, sua origem, formato e requisitos de segurança.

Com base nessas informações, serão estabelecidas políticas e diretrizes para o gerenciamento seguro e eficiente dos bancos de dados. Isso envolverá a definição de padrões de segurança, como autenticação e criptografia, para proteger os dados contra acesso não autorizado.

Além disso, serão estabelecidas rotinas de backup e recuperação de dados para garantir a disponibilidade e a integridade dos mesmos. Será definida uma estratégia de backup que atenda aos requisitos de negócios e permita a recuperação dos dados em caso de falha ou desastre.

Outro aspecto importante da Gestão de Operações do SGBD será a monitoração contínua dos bancos de dados. Serão implementados sistemas de monitoramento para acompanhar o desempenho, identificar possíveis problemas e garantir a otimização do uso dos recursos de hardware.

Além disso, a equipe responsável pela Gestão de Operações do SGBD deverá estar preparada para lidar com incidentes de segurança, como ataques cibernéticos ou violações de dados. Serão estabelecidos mecanismos de resposta a incidentes para garantir uma ação rápida e eficiente em situações de emergência.

2.3.1   Atores da gestão de operações do sistema gerenciador de banco de dados.

Os atores da gestão de operações do gerenciador de banco de dados na governança de dados da instituição são profissionais especializados que atuam na administração, manutenção e evolução dos bancos de dados utilizados pela instituição.

Esses profissionais têm a responsabilidade de garantir a integridade, segurança, disponibilidade e desempenho dos dados, além de promover o acesso adequado e a conformidade com as políticas de governança estabelecidas.

Dentre os atores envolvidos nesse processo, destacam-se:

1. Administrador de Banco de Dados. O administrador de banco de dados é o profissional responsável por gerenciar o ambiente

de banco de dados, incluindo a instalação, configuração, manutenção e monitoramento dos servidores e sistemas relacionados. Ele cuida da organização e estruturação dos dados, bem como da definição de regras de acesso e segurança.

2. Analista de Dados. O analista de dados é responsável por entender as necessidades da instituição em relação aos dados e traduzi-las em regras e modelos que são implementados no banco de dados. Ele trabalha em conjunto com os usuários finais para definir os requisitos e garantir que os dados estejam adequadamente estruturados e disponíveis para suportar as operações da instituição.

3. Gerente de Projetos de TI. O gerente de projetos de TI desempenha um papel importante na governança de dados, assegurando que os projetos relacionados ao gerenciador de banco de dados estejam alinhados com as estratégias e políticas estabelecidas. Ele coordena as equipes de desenvolvimento e implantação, garantindo que os prazos sejam cumpridos e que os requisitos de qualidade sejam atendidos.

4. Equipe de Desenvolvimento. A equipe de desenvolvimento é responsável por implementar as soluções de software que utilizam o banco de dados. Esses profissionais trabalham em conjunto com o analista de dados para criar as estruturas, consultas e funcionalidades desejadas, sempre respeitando as diretrizes e políticas de governança.

5. Usuários Finais. Os usuários finais são aqueles que interagem diariamente com o gerenciador de banco de dados e dependem dos dados armazenados nele para desempenhar suas atividades. Eles têm a responsabilidade de utilizar os dados de forma correta e em conformidade com as políticas de governança da instituição.

2.3.2   Aspectos-chave.

A implantação da gestão de operações do SGBD na governança de dados da instituição requer alguns pré-requisitos que são essenciais para garantir o sucesso e efetividade desse processo.

Esses pré-requisitos estão relacionados a aspectos técnicos, organizacionais e de recursos humanos.

Vamos explorar alguns deles:

1. Infraestrutura de TI. É fundamental ter uma infraestrutura de TI adequada para suportar a implantação da gestão de operações do SGBD. Isso envolve a disponibilidade de servidores, redes, armazenamento e outros recursos necessários para garantir o desempenho, a segurança e a disponibilidade dos dados.

2. Especialistas em SGBD. A instituição deve contar com profissionais especializados em SGBD, como administradores de banco de dados, analistas de dados e desenvolvedores, que possuam o conhecimento necessário para gerenciar e operar efetivamente o sistema. Esses especialistas devem ser capazes de lidar com as demandas específicas da governança de dados da instituição.

3. Definição de políticas e diretrizes. A definição de políticas e diretrizes claras relacionadas à governança de dados é essencial. Isso inclui estabelecer diretrizes para a estruturação, segurança, acesso e uso dos dados armazenados no SGBD. Essas políticas devem ser comunicadas e disseminadas para todos os envolvidos no processo, garantindo uma compreensão comum e um alinhamento de ações.

4. Alinhamento com estratégias organizacionais. A implantação da gestão de operações do SGBD deve estar alinhada com as estratégias e objetivos organizacionais da instituição. É importante

que a governança de dados seja considerada como parte integrante do plano estratégico da instituição, visando melhorar a qualidade, a disponibilidade e a utilização adequada dos dados.

5. Capacitação e treinamento. A capacitação e o treinamento dos profissionais envolvidos na governança de dados são fundamentais para garantir o conhecimento e a competência necessários para lidar com as operações do SGBD. A instituição deve investir em programas de capacitação e treinamento contínuo, visando atualizar e aprimorar as habilidades de sua equipe.

6. Cultura de dados. A existência de uma cultura organizacional que valorize e priorize a governança de dados é essencial. Todos os colaboradores da instituição devem compreender a importância dos dados, bem como os benefícios e responsabilidades da sua gestão adequada. Isso envolve conscientizar sobre a qualidade dos dados, a conformidade com políticas estabelecidas e o valor estratégico que os dados possuem para a instituição.

2.4   Implementando a gestão da segurança do dado.

Gestão da segurança dos dados desempenha um papel fundamental na governança de dados. Com o apoio da instituição, a implementação dos mecanismos de segurança adequados garantirá a proteção dos dados contra ameaças internas e externas, bem como a conformidade com as diretrizes e regulamentações estabelecidas.

A implementação da gestão da segurança dos dados na governança de dados da instituição envolverá várias etapas e abordagens, incluindo:

1. Avaliação e análise de riscos. Será realizada uma avaliação completa dos riscos existentes em relação aos dados armazenados e processados pela instituição. Isso envolverá a identificação de ameaças potenciais, vulnerabilidades e impactos nos dados. Com

base nessa análise, serão definidas medidas de segurança apropriadas.

2. Políticas e diretrizes de segurança. Serão estabelecidas políticas e diretrizes claras relacionadas à segurança dos dados. Isso incluirá a definição de padrões de autenticação, criptografia, controle de acesso, monitoramento e auditoria, entre outros. Essas políticas e diretrizes devem ser comunicadas e disseminadas para todos os envolvidos, garantindo a conformidade e o alinhamento de ações.

3. Controles de segurança. Serão implementados controles de segurança, como firewalls, sistemas de detecção e prevenção de intrusões, antivírus, autenticação multifator, entre outros. Esses controles visam proteger os dados contra acessos não autorizados, malware e outras ameaças em potencial.

4. Treinamento e conscientização. Será realizado treinamento e conscientização dos funcionários da instituição em relação às práticas de segurança dos dados. Isso incluirá a educação sobre a importância da segurança dos dados, as melhores práticas de utilização e proteção, e as responsabilidades individuais para garantir a segurança dos dados.

5. Monitoramento e auditoria. Serão implementados mecanismos de monitoramento e auditoria contínua para acompanhar a conformidade com as políticas e diretrizes de segurança estabelecidas. Isso incluirá a análise de logs de acesso, detecção de anomalias, revisões periódicas e testes de vulnerabilidade.

6. Gestão de incidentes. Será estabelecido um processo estruturado para lidar com incidentes de segurança dos dados. Isso envolverá a definição de responsabilidades, ações rápidas e adequadas para mitigar qualquer ameaça identificada e a aprendizagem contínua para evitar incidentes similares no futuro.

2.4.1 Atores da gestão da segurança do dado.

A gestão da segurança do dado é uma preocupação essencial nas operações de uma instituição, especialmente quando se trata do setor público. A instituição deve reconhecer a importância de garantir a confidencialidade, integridade e disponibilidade dos dados que circulam em seu sistema, assim como a necessidade de cumprir com as regulamentações vigentes, como a Lei Geral de Proteção de Dados.

Esse processo envolve diferentes atores, cada um desempenhando um papel específico na proteção e gestão responsável das informações:

1. Liderança Executiva. A liderança executiva, representada pelos gestores e tomadores de decisão da instituição, desempenha um papel fundamental na promoção de uma cultura de segurança de dados. Eles estabelecem a visão estratégica, alocam recursos e definem as políticas. Além disso, é responsabilidade da liderança executiva garantir que as diretrizes de segurança sejam comunicadas e implementadas em toda a instituição.

2. Equipe de Tecnologia da Informação (TI). A equipe de TI é responsável por implementar e manter os sistemas de segurança da informação. Eles realizam análises de risco, estabelecem controles e garantem que as soluções tecnológicas utilizadas pela instituição atendam aos requisitos de segurança. Essa equipe também é responsável por identificar e responder a incidentes de segurança, bem como por manter os sistemas atualizados com as últimas proteções contra ameaças.

3. Profissionais de Dados. Os profissionais de dados desempenham um papel fundamental na governança de dados. Eles definem as políticas de segurança, classificam e categorizam os dados, estabelecem controles de acesso e garantem a conformidade com as regulamentações. Além disso, eles trabalham em conjunto com a equipe de TI para garantir que os dados sejam protegidos durante

todo o ciclo de vida, desde a coleta até o armazenamento e exclusão.

4. Usuários Finais. Todos os colaboradores da instituição que lidam com dados pessoais ou informações sensíveis são atores importantes na gestão da segurança do dado. Eles devem receber treinamento apropriado sobre as políticas e melhores práticas de segurança, além de serem conscientizados sobre a importância de proteger os dados que manuseiam no dia a dia. Ao atuarem de forma diligente, os usuários finais podem ajudar a evitar incidentes de segurança e garantir a privacidade dos cidadãos.

5. Órgão de Controle Interno. O órgão de controle interno é responsável por monitorar e avaliar a efetividade das medidas de segurança implementadas na governança de dados. Eles auditam os processos, identificam lacunas e recomendam melhorias. Esse órgão atua como um mecanismo de verificação independente, garantindo que as políticas e controles de segurança estejam sendo seguidos de acordo com as melhores práticas.

2.4.2   Aspectos-chave.

A implementação de uma governança eficaz dos dados é fundamental para garantir a segurança das informações em uma instituição, especialmente quando se trata de dados sensíveis e confidenciais do governo municipal.

A instituição deve se comprometer em estabelecer os pré-requisitos necessários para a gestão da segurança dos dados.

Em primeiro lugar, a conscientização sobre segurança de dados deve ser difundida em toda a instituição. Isso envolve treinamentos regulares, workshops e comunicações internas para conscientizar funcionários sobre as melhores práticas de segurança, os riscos associados a um tratamento inadequado dos dados e como identificar possíveis ameaças.

Em seguida, é necessário estabelecer políticas de segurança de dados claras e bem definidas. Estas políticas devem abordar aspectos como a classificação dos dados de acordo com seu nível de sensibilidade, as restrições de acesso aos dados, o uso de criptografia e outras medidas de proteção, além de diretrizes para a identificação e resposta a incidentes de segurança.

Além das políticas, é importante investir em tecnologias e infraestrutura adequadas para apoiar a segurança dos dados. Isso inclui o uso de firewalls, sistemas de detecção e prevenção de intrusões, autenticação de dois fatores, backups regularmente atualizados, entre outros recursos que ajudem a proteger os dados contra ameaças externas e internas.

Outro pré-requisito crucial é o estabelecimento de um plano de continuidade de negócios e recuperação de desastres. Isso garante que, em caso de incidentes graves, como ataques cibernéticos, haja processos e procedimentos claros para recuperar os dados perdidos ou comprometidos, minimizando o impacto nas operações governamentais e na confiança do público.

Por fim, é necessário realizar auditorias regulares para validar a eficácia das medidas de segurança implementadas.

As auditorias devem revisar os controles de segurança existentes, identificar possíveis lacunas ou vulnerabilidades e propor melhorias e atualizações necessárias para fortalecer a gestão da segurança dos dados.

2.5 Implementando a gestão de dados mestres (mdm - master data management) e de referência (rdm – reference data management).

A implementação da gestão de dados mestres e de referência na governança de dados da instituição seguirá algumas etapas-chave.

Primeiro, será realizada uma análise completa dos dados existentes, identificando fontes de dados, sistemas de origem e possíveis lacunas ou inconsistências. Isso ajudará a obter uma compreensão abrangente dos dados envolvidos e suas respectivas necessidades.

Em seguida, será feito o mapeamento dos dados mestres e de referência necessários para as diferentes áreas da administração municipal.

Esse processo envolve a identificação das entidades de dados mais importantes, como cidadãos, empresas, locais e outros objetos relevantes para as operações da instituição. Além disso, serão definidos os atributos associados a cada entidade e estabelecidos os padrões de qualidade necessários para esses dados.

Após o mapeamento, será desenvolvida uma estrutura de gerenciamento dos dados mestres e de referência. Isso inclui a definição de responsabilidades e papéis dentro da instituição, bem como a criação de políticas e diretrizes claras para a coleta, manutenção e atualização desses dados.

Também serão estabelecidos processos de governança para monitorar constantemente a qualidade dos dados, garantindo a consistência e a integridade ao longo do tempo.

Para uma implementação eficaz, é crucial garantir a colaboração entre os diferentes setores da instituição.

A gestão de dados mestres e de referência requer uma abordagem multidisciplinar, envolvendo áreas como tecnologia da informação, recursos humanos, planejamento urbano, saúde, educação, entre outras.

Será incentivada a troca de conhecimento e a comunicação entre esses setores para garantir que a governança de dados seja verdadeiramente eficiente e amplamente adotada.

Além disso, a implementação da gestão de dados mestres e de referência será apoiada por tecnologias adequadas, como sistemas de gerenciamento de dados e ferramentas de qualidade de dados.

Essas tecnologias ajudarão a automatizar processos, melhorar a consistência dos dados e otimizar a eficiência da governança de dados da instituição.

2.5.1 Atores da gestão de dados mestres e de referência.

Os atores envolvidos na gestão de dados mestres e de referência têm a responsabilidade de garantir a qualidade, integridade e consistência dos dados utilizados no âmbito do governo municipal.

Um dos atores principais nessa iniciativa é o gerente de dados mestres e de referência. Esse profissional terá a função de liderar a equipe encarregada de consolidar, validar e manter os dados mestres, que são as informações mais importantes e críticas para a instituições.

Além disso, o gerente de dados mestres será responsável por definir as diretrizes e políticas relacionadas à gestão desses dados.

Outro ator importante é o arquiteto de informação, que desempenhará um papel-chave na governança de dados. Esse profissional será responsável por realizar a administração técnica dos sistemas utilizados para armazenar e gerenciar os dados mestres e de referência.

O arquiteto de informação será responsável por manter a infraestrutura tecnológica necessária, garantindo que os sistemas estejam em pleno funcionamento e cumprindo requisitos de segurança e integridade.

Além desses atores específicos, a governança de dados contará com a participação de outros profissionais, como os analistas de dados, que serão responsáveis por analisar e interpretar os dados, fornecendo informações relevantes para a tomada de decisões.

Os desenvolvedores também terão um papel importante, garantindo que os sistemas de informação sejam desenvolvidos de maneira apropriada, seguindo os padrões e diretrizes estabelecidos para a gestão de dados mestres e de referência.

Por fim, os usuários finais dos dados também serão atores fundamentais nesse processo. Eles devem cumprir as políticas e diretrizes definidas pela governança de dados da instituição, garantindo a atualização e a correta utilização das informações.

2.5.2   Aspectos-chave.

Os pré-requisitos estruturam uma base sólida necessária para estabelecer uma estrutura eficaz de governança de dados e garantir a qualidade e a integridade dos dados utilizados pela organização:

1. Compreensão clara dos dados mestres e de referência:

   - Dados mestres: informações fundamentais e consistentes em toda a organização, como clientes, fornecedores, funcionários e produtos.

   - Dados de referência: utilizados para padronizar e validar os dados mestres, garantindo a consistência e qualidade em diferentes sistemas e processos.

2. Estrutura organizacional adequada para gerenciar os dados mestres e de referência:

- Definição de papéis e responsabilidades claras para as equipes envolvidas no processo.

- Equipes interconectadas trabalhando em colaboração para validar, atualizar e manter a consistência dos dados.

3. Políticas e procedimentos de gestão de dados:

- Diretrizes claras para coleta, armazenamento, organização, atualização e descarte de dados.

- Regras de governança de dados, como padrões de nomenclatura, formatação e qualidade.

4. Suporte tecnológico adequado:

- Implementação de sistemas e ferramentas de qualidade de dados para validar, corrigir e manter os dados.

- Infraestrutura de tecnologia da informação robusta e segura para garantir a disponibilidade e proteção dos dados.

5. Educação e treinamento dos colaboradores:

- Capacitar os colaboradores com habilidades e conhecimentos necessários para manter a qualidade e precisão dos dados.

- Treinamentos específicos, workshops e compartilhamento de boas práticas.

2.6 Implementando a gestão de data warehouse e business intelligence.

O Data Warehouse é um ambiente centralizado que armazena dados de diferentes fontes de forma estruturada, organizada e integrada. Ele tem como objetivo servir de base para a tomada de decisões, fornecendo informações consistentes e confiáveis.

Na governança de dados da instituição, o DW será implementado para consolidar dados provenientes de diversas áreas, como saúde, educação, finanças públicas, entre outras, buscando criar uma visão unificada e abrangente dos dados.

O Business Intelligence, por sua vez, é o conjunto de técnicas e ferramentas que permitem a análise e a exploração dos dados armazenados no DW. Através da BI, será possível extrair insights relevantes, identificar tendências, analisar indicadores de desempenho e gerar relatórios e dashboards interativos para auxiliar na tomada de decisões.

Na implementação da governança de dados da instituição, o DW e o BI serão integrados no sistema de gestão, coletando dados de diferentes fontes, consolidando-os e disponibilizando-os para análise.

A equipe responsável vai realizar a modelagem dos dados, definindo os pontos-chave que serão monitorados e estabelecendo os indicadores relevantes para as áreas da gestão pública.

Será necessário também definir as métricas a serem acompanhadas e os relatórios a serem gerados. Através do DW e do BI, será possível monitorar o desempenho dos serviços públicos, identificar gargalos, analisar a eficácia de políticas públicas, entre outros aspectos, a fim de promover a melhoria contínua e a eficiência na tomada de decisões.

É importante ressaltar que a implementação bem-sucedida do DW e do BI na governança de dados da instituição requer o envolvimento de uma equipe multidisciplinar, que inclua profissionais de áreas como tecnologia da informação, gestão pública e análise de dados.

Além disso, é essencial ter uma estrutura de governança definida, com papéis e responsabilidades claras, que garantam a segurança e o uso ético dos dados.

Dessa forma, ao implementar o DW e o BI na governança de dados da instituição, será possível obter uma visão holística dos dados e transformá-los em informações valiosas para aprimorar os serviços públicos, promover a transparência e a eficiência na gestão municipal.

2.6.1   Atores da gestão de data warehouse e business intelligence.

Existem vários atores-chave envolvidos nessas áreas.

Aqui estão os principais:

1. Gestores de projetos: são os responsáveis por liderar e gerenciar os projetos de implementação do data warehouse e business intelligence. Eles coordenam as equipes, definem prazos, recursos necessários e garantem que os objetivos sejam alcançados.

2. Arquitetos de data warehouse: são os especialistas em projetar a estrutura e os fluxos de dados do data warehouse. Eles criam os modelos dimensionais e estabelecem as estratégias de extração, transformação e carga (etl) dos dados vindos de diferentes fontes.

3. Desenvolvedores de etl: são os profissionais encarregados de construir os processos de etl. Eles extraem os dados de várias fontes, aplicam transformações necessárias e carregam os dados no dw de forma eficiente e segura.

4. Analistas de business intelligence: são os responsáveis pela criação e manutenção dos relatórios, painéis e dashboards no business intelligence. Eles trabalham em colaboração com os usuários finais para entender suas necessidades, transformando dados em informações relevantes e apresentando visualizações claras para os tomadores de decisão.

5. Especialistas em segurança de dados: são os profissionais que se concentram na proteção dos dados armazenados no dw. Eles implementam medidas de segurança, como criptografia, controle de acesso e auditoria, para garantir a integridade e confidencialidade dos dados.

6. Usuários finais: são as pessoas que utilizam as informações disponibilizadas pelo data warehouse e business intelligence para fins operacionais e estratégicos. Eles acompanham os relatórios, realizam análises ad hoc e utilizam as ferramentas de bi para obter insights acionáveis que possam impactar a tomada de decisões.

2.6.2   Aspectos-chave.

A adoção de uma metodologia adequada é essencial para a gestão bem-sucedida de Data Warehouse e Business Intelligence na governança de dados da instituição.

A implementação e a operacionalização dessas tecnologias exigem a consideração de diversos pré-requisitos, e uma metodologia eficaz é o principal deles.

É fundamental ter uma abordagem metodológica na gestão de DW e BI que contemple os seguintes pré-requisitos:

1. Planejamento detalhado.

Antes de iniciar a implementação de DW e BI, é essencial ter um plano detalhado que estabeleça metas e objetivos claros.

A metodologia deve contemplar processos para estruturar o planejamento, identificar as etapas necessárias, os recursos alocados e os prazos a serem cumpridos.

2. Infraestrutura robusta.

Uma infraestrutura tecnológica sólida é fundamental para dar suporte ao DW e BI. A metodologia deve auxiliar na definição das necessidades de hardware, software, redes e capacidade de armazenamento, garantindo que a infraestrutura seja dimensionada adequadamente para suportar as demandas de dados e consultas.

3. Modelagem e design adequados.

A metodologia deve ser capaz de definir uma abordagem estruturada para a modelagem e design do DW. Isso inclui a definição de dimensões, fatos e relacionamentos entre os dados de forma consistente, garantindo a integridade e a precisão das informações disponibilizadas pelo sistema.

4. Qualidade dos dados.

A metodologia deve garantir a qualidade dos dados armazenados no DW. Por meio de processos bem definidos, a metodologia ajudará na padronização, limpeza e validação dos dados, garantindo que apenas informações confiáveis e consistentes sejam utilizadas na tomada de decisões.

5. Segurança e privacidade.

A metodologia deve auxiliar na definição de políticas e controles para assegurar a segurança e a privacidade dos dados. Serão estabelecidos padrões de acesso, autenticação e criptografia, levando em consideração as regulamentações e diretrizes aplicáveis.

6. Integração de fontes de dados.

A metodologia deve fornecer diretrizes e procedimentos para a integração de várias fontes de dados no DW. Isso envolve a definição de processos de extração, transformação e carga (ETL) que sejam eficientes e garantam a consistência e a atualização dos dados oriundos de diferentes sistemas.

7. Capacitação dos usuários.

A metodologia também deve abordar a capacitação dos usuários, fornecendo treinamentos e recursos necessários para que eles possam utilizar efetivamente o DW e BI. Isso ajudará a garantir que os usuários estejam familiarizados com as funcionalidades do sistema, promovendo assim uma maior adoção e utilização das informações disponíveis.

2.7   Implementando a gestão da documentação e conteúdo.

Para implementar a gestão da documentação e conteúdo na governança de dados na instituição é importante seguir alguns passos essenciais.

Aqui estão algumas diretrizes:

1. Identificar e classificar os tipos de documentação e conteúdo. É necessário mapear e compreender os diversos tipos de documentos e conteúdos existentes na instituição. Isso pode incluir políticas, diretrizes, manuais, contratos, relatórios, entre outros. Classificar esses documentos de acordo com sua relevância e características permitirá uma organização mais eficiente.

2. Estabelecer diretrizes e procedimentos de gestão. Definir diretrizes claras e procedimentos para a gestão da documentação e conteúdo é fundamental. Isso inclui estabelecer políticas de arquivamento, padronização de formatos, controle de versões, níveis de acesso e retenção de documentos. Essas diretrizes devem ser comunicadas e disseminadas para todos os envolvidos na governança de dados.

3. Implementar um sistema de gestão de documentos. Utilizar um sistema adequado de gerenciamento de documentos é essencial para facilitar a organização, busca e recuperação de informações. Esses sistemas podem ajudar na centralização de documentos, controle de versões, rastreamento de alterações e colaboração entre os usuários. Escolher uma solução confiável e adaptável às necessidades da instituição será fundamental.

4. Capacitar os colaboradores. É importante investir na capacitação dos colaboradores envolvidos na gestão da documentação e conteúdo. Isso inclui treinamentos sobre as diretrizes e procedimentos estabelecidos, além de orientações práticas sobre como utilizar o sistema de gestão de documentos. A conscientização sobre a importância da documentação precisa ser disseminada em toda a organização.

5. Monitorar e auditar regularmente. A implementação da gestão da documentação e conteúdo deve ser acompanhada de monitoramento regular e auditorias para garantir a aderência às políticas e procedimentos estabelecidos. Isso ajudará a identificar e corrigir eventuais problemas, bem como aprimorar continuamente o sistema de gerenciamento.

6. Promover a cultura da gestão documental. A partir da alta direção, é necessário promover uma cultura de valorização e cuidado com a gestão da documentação. Isso envolve conscientizar os colaboradores sobre a importância da documentação correta, compartilhamento de informações e preservação dos registros. Incentivar práticas consistentes de documentação e conteúdo será essencial para uma governança de dados robusta.

A documentação dos atributos é uma etapa fundamental da governança de dados, pois permite que os usuários compreendam e utilizem corretamente as informações disponibilizadas.

O Padrão de Dados definido para essa documentação estabelece as informações que devem ser fornecidas para cada atributo presente nas tabelas do Modelo Corporativo de Portal de Dados Abertos.

Esse padrão inclui informações como nome do atributo, descrição, tipo de dado, restrições de valores, formato, entre outros. Além disso, o Padrão de Dados também estabelece diretrizes para a documentação de atributos relacionados, como chaves estrangeiras e relacionamentos entre tabelas.

Ao seguir o Padrão de Dados para Documentação de Atributos, a instituição garante a consistência e a clareza na documentação dos atributos do seu Portal de Dados Abertos. Isso facilita a utilização das informações por parte dos usuários e contribui para a transparência e a governança efetiva dos dados disponibilizados.

2.7.1   Atores da gestão da documentação e conteúdo.

Na implementação gestão da documentação e conteúdo os atores envolvidos desempenham um papel crucial na gestão da documentação e do conteúdo.

São eles:

1. Equipe de Governança de Dados. Essa equipe é a principal responsável por desenvolver e implementar as políticas de governança de dados na instituição. Ela é composta por especialistas em dados e profissionais de tecnologia da informação que possuem conhecimentos em gestão de projetos, segurança da informação, privacidade e conformidade. Esses profissionais são responsáveis por definir os padrões e processos relacionados à documentação e ao conteúdo dos dados.

2. Arquitetos de informação. Os arquitetos de informação são responsáveis por gerenciar a estrutura do banco de dados e

garantir a integridade e qualidade dos dados. Eles trabalham em estreita colaboração com os usuários finais e a equipe de governança de dados para entender os requisitos de documentação e conteúdo necessários para cada tipo de dado. Além disso, os arquitetos de informação estabelecem políticas de atualização e manutenção dos metadados, promovendo a gestão adequada dos dados da instituição.

3. Usuários Finais. Os usuários finais são os destinatários finais dos dados governados pela instituição. Eles podem incluir funcionários, gestores, fornecedores, cidadãos e outras partes interessadas. Para garantir uma gestão eficaz da documentação e conteúdo, é fundamental que os usuários finais estejam cientes das políticas de governança de dados e sigam as diretrizes estabelecidas pela equipe de governança. Eles também são responsáveis por fornecer feedback sobre a relevância e a precisão dos dados, ajudando a melhorar continuamente a qualidade da documentação.

4. Consultores Externos. Em alguns casos, a instituição pode envolver consultores externos especializados em governança de dados para apoiar o processo de implementação. Esses profissionais possuem conhecimentos avançados na área e podem ajudar a alinhar as práticas da instituição com as melhores práticas do setor.

2.7.2   Aspectos-chave.

A gestão da documentação e conteúdo é um trabalho extenso e demorado. Tem como principais pré-requisitos:

1. Desenvolver um inventário abrangente de todos os documentos e conteúdos relevantes da organização, identificando os sistemas nos quais os dados estão armazenados e criando uma estrutura de classificação para facilitar a organização e recuperação das informações.

2. Definir políticas e procedimentos claros para a criação, revisão, aprovação e publicação de documentos e conteúdos, incluindo diretrizes para formato, estilo e estrutura desses materiais, garantindo a conformidade com as leis e regulamentações aplicáveis.

3. Garantir a autenticidade e integridade dos documentos e conteúdos através da implementação de controles de acesso e versões, bem como da definição de políticas adequadas de retenção e descarte.

4. Realizar um monitoramento constante e adotar uma abordagem de melhoria contínua, revisando regularmente os processos de gestão da documentação e conteúdo, corrigindo problemas identificados e buscando maneiras de aprimorar o sistema.

2.8 Implementando a gestão de metadados.

Na implementação a gestão de metadados na governança de dados da instituição, alguns passos importantes devem ser considerados:

1. Identificação e definição de metadados relevantes. O primeiro passo é identificar e definir quais metadados são relevantes para a governança de dados da instituição. Isso pode incluir informações sobre origem, contexto, qualidade, formato, significado e outros atributos importantes dos dados.

2. Catalogação e documentação dos metadados. Uma vez identificados, os metadados devem ser catalogados e documentados de maneira estruturada. Isso pode envolver a criação de um glossário de metadados, com definições claras e padronizadas para cada termo utilizado.

3. Implementação de ferramentas de gerenciamento de metadados. Para facilitar a gestão e utilização dos metadados, é recomendável

a implementação de ferramentas específicas, como sistemas de gerenciamento de metadados ou catálogos de dados. Essas ferramentas auxiliam na organização, busca e atualização dos metadados conforme necessário.

4. Mapeamento de relacionamentos e dependências. Um aspecto importante da gestão de metadados é o mapeamento de relacionamentos e dependências entre os diferentes conjuntos de dados da instituição. Isso ajuda a entender como os dados estão interconectados e a identificar potenciais impactos em caso de modificação ou exclusão de determinados conjuntos de dados.

5. Garantia de qualidade e consistência dos metadados. É essencial estabelecer diretrizes e procedimentos para garantir a qualidade e consistência dos metadados. Isso inclui a definição de padrões de nomenclatura, a realização de validações periódicas e a busca pela colaboração de todos os envolvidos na criação e manutenção dos metadados.

6. Treinamento e capacitação dos colaboradores. Para garantir uma implementação efetiva da gestão de metadados, é importante investir em treinamento e capacitação dos colaboradores envolvidos nesse processo. Eles devem compreender a importância dos metadados, como utilizá-los corretamente e como contribuir para a manutenção e atualização adequada dos mesmos.

2.8.1 Atores da gestão de metadados.

A gestão de metadados na governança de dados da instituição envolve diversos atores que desempenham papéis importantes no processo.

Os principais são:

1. Equipe de governança de dados. A equipe de governança de dados da instituição é responsável por supervisionar e coordenar toda a

implementação da governança de dados, incluindo a gestão de metadados. Essa equipe lidera os esforços para estabelecer políticas, diretrizes e procedimentos relacionados à gestão de metadados, garantindo a integridade e qualidade das informações.

2. Especialistas em metadados. Os especialistas em metadados são profissionais com conhecimento específico sobre a criação, utilização e gestão de metadados. Eles desempenham um papel crucial na definição de padrões de metadados, na catalogação dos mesmos e na manutenção do glossário de metadados. Esses especialistas também podem auxiliar na implementação de ferramentas de gerenciamento de metadados e no treinamento dos usuários finais.

3. Profissionais de TI. Os profissionais de tecnologia da informação desempenham um papel fundamental na implementação da gestão de metadados. Eles são responsáveis pela configuração e manutenção das ferramentas de gerenciamento de metadados escolhidas, garantindo sua disponibilidade e funcionamento adequado. Além disso, eles podem auxiliar na integração dos sistemas existentes à infraestrutura de gerenciamento de metadados.

4. Colaboradores das áreas de negócio. Os colaboradores das áreas de negócio da instituição são responsáveis por fornecer informações e conhecimentos contextuais sobre os dados gerados e utilizados em suas respectivas áreas. Eles colaboram com a equipe de governança de dados e os especialistas em metadados para identificar e documentar os metadados relevantes para seus processos e atividades. Esses colaboradores também são responsáveis por seguir as políticas e diretrizes definidas para garantir a qualidade e consistência dos metadados.

5. Usuários finais. Os usuários finais, que incluem funcionários da instituição de diferentes áreas e departamentos, utilizam os dados

e metadados para realizar suas atividades diárias. São responsáveis por utilizar as ferramentas de gerenciamento de metadados para fazer buscas, consultar informações sobre os dados, e garantir a correta utilização dos mesmos no contexto de suas tarefas. Também são responsáveis pela atualização dos metadados conforme necessário.

2.8.2 Aspectos-chave.

A implementação eficaz da gestão de metadados na governança de dados da instituição requer a consideração de alguns pré-requisitos essenciais. Aqui estão os principais pré-requisitos:

1. Definição de metadados relevantes. É crucial identificar e definir quais metadados são relevantes para a governança de dados da instituição. Isso inclui informações sobre origem, contexto, qualidade, formato, significado e outros atributos importantes dos dados. Essa definição envolve a colaboração entre as áreas de negócio da instituição para garantir uma visão abrangente e precisa dos metadados necessários.

2. Implementação de um sistema de gerenciamento de metadados. Para facilitar a gestão e utilização dos metadados, é recomendável a implementação de um sistema específico de gerenciamento de metadados.

3. Padronização de terminologia e estrutura de metadados. É importante estabelecer uma terminologia padronizada e uma estrutura consistente para os metadados utilizados. Isso ajuda na compreensão e interpretação dos metadados, facilitando a busca e o compartilhamento dos mesmos.

4. Implementação de controles de qualidade e integridade dos metadados. Para garantir a qualidade e integridade dos metadados, é crucial estabelecer controles e processos de

validação periódica. Isso inclui a definição de regras de formatação, a realização de verificações de consistência e a definição de diretrizes para a atualização e manutenção correta dos metadados.

5. Treinamento e capacitação dos colaboradores. Para garantir a efetiva implementação da gestão de metadados, é fundamental investir em treinamento e capacitação dos colaboradores envolvidos. Isso inclui membros da equipe de governança de dados, especialistas em metadados, profissionais de TI e usuários finais.

2.9   Implementando a gestão da qualidade dos dados.

A gestão da qualidade dos dados desempenha um papel essencial na governança de dados da instituição, pois ela é a garantia da confiabilidade e da consistência das informações utilizadas pela instituição. Para implementar essa prática de forma eficaz, a instituição deve seguir algumas etapas importantes.

Inicialmente, é necessário realizar uma avaliação detalhada da qualidade dos dados disponíveis na instituição. Isso envolve identificar erros, inconsistências, duplicações ou lacunas nos dados. Através dessa avaliação, a instituição pode compreender melhor os problemas de qualidade dos dados e priorizar as áreas que necessitam de melhorias.

Com base na avaliação realizada, a instituição deve definir métricas e critérios claros para a qualidade dos dados. Isso inclui requisitos de integridade, precisão, consistência, completude e atualização dos dados. Essas métricas e critérios servirão como referência para avaliar e monitorar a qualidade dos dados ao longo do tempo.

Em seguida, é importante implementar processos e controles de qualidade que garantam que os dados atendam aos critérios estabelecidos.

Isso pode envolver a definição de diretrizes para coleta, validação, limpeza e transformação dos dados, seguindo as melhores práticas de qualidade de dados. A instituição também pode considerar a utilização de ferramentas automatizadas de qualidade de dados para auxiliar nesse processo.

Outro aspecto crucial é definir as responsabilidades e promover a colaboração entre as áreas envolvidas na gestão de dados. Isso inclui designar proprietários de dados responsáveis por garantir a qualidade dos dados em suas áreas.

Além disso, é fundamental promover a conscientização sobre a importância da qualidade dos dados e incentivar a colaboração entre as áreas para resolver problemas de qualidade e compartilhar boas práticas.

A gestão da qualidade dos dados deve ser um processo contínuo. Portanto, é importante estabelecer um sistema de monitoramento regular para acompanhar a qualidade dos dados ao longo do tempo.

A instituição pode investir em ferramentas de monitoramento e criação de relatórios que apresentem indicadores-chave de qualidade dos dados. Com base nessas informações, a instituição poderá identificar áreas de melhoria e implementar ações corretivas para elevar constantemente a qualidade dos dados.

2.9.1   Atores da gestão da qualidade dos dados.

A implementação da gestão da qualidade dos dados na governança de dados da instituição requer a participação de diferentes atores, cada um com seu papel e responsabilidades específicas.

Esses atores desempenham um papel fundamental na garantia da qualidade dos dados e no sucesso dos esforços de governança.

Aqui estão os principais atores envolvidos nesse processo:

1. Equipe de governança de dados. A equipe de governança de dados é responsável por supervisionar e coordenar todas as atividades relacionadas à gestão da qualidade dos dados.

Essa equipe é composta por especialistas e líderes que estabelecem políticas, diretrizes e estratégias para a governança de dados na instituição.

Eles são os responsáveis por definir os objetivos de qualidade dos dados, estabelecer prioridades, acompanhar os resultados, e apoiar e orientar as demais áreas envolvidas.

2. Proprietários de dados. Os proprietários de dados são os responsáveis por garantir a qualidade dos dados em suas respectivas áreas.

Eles têm conhecimento profundo dos dados sob sua responsabilidade, incluindo sua origem, formato, significado e contexto.

Os proprietários de dados trabalham em estreita colaboração com a equipe de governança de dados para garantir que os dados cumpram os critérios de qualidade estabelecidos.

3. Especialistas em qualidade de dados. Os especialistas em qualidade de dados possuem conhecimentos técnicos e metodologias para avaliar, medir e melhorar a qualidade dos dados.

Eles podem desenvolver estratégias de qualidade, definir métricas e critérios, e implementar processos e controles de qualidade.

Esses especialistas também podem fornecer suporte técnico e treinamento para os demais atores envolvidos, garantindo que as práticas de qualidade sejam seguidas corretamente.

4. Profissionais de TI. Os profissionais de TI desempenham um papel fundamental na implementação da gestão da qualidade dos dados.

Eles são responsáveis por fornecer a infraestrutura tecnológica necessária, implantar sistemas de gerenciamento de dados e garantir a integridade e segurança dos dados.

Os profissionais de TI também podem auxiliar na automatização de processos de qualidade de dados e na identificação de soluções tecnológicas para melhorar a qualidade e eficiência dos dados.

5. Usuários finais. Por fim, os usuários finais também têm um papel importante na gestão da qualidade dos dados.

Eles são os principais beneficiários dos dados e devem utilizar as informações de qualidade para tomar decisões informadas.

Os usuários finais são responsáveis por reportar erros ou inconsistências nos dados, colaborar com a melhoria dos processos e fornecer feedback para a equipe de governança de dados.

2.9.2 Aspectos-chave.

A implementação eficaz da gestão da qualidade dos dados na governança de dados da instituição requer a consideração de alguns pré-requisitos cruciais.

Esses pré-requisitos formam a base necessária para garantir o sucesso da iniciativa.

Aqui estão alguns dos principais pré-requisitos a serem considerados:

1. Comprometimento da alta administração: é fundamental que a alta administração da instituição, incluindo o prefeito e os gestores-chave, demonstrem total comprometimento com a gestão da qualidade dos dados.

Esse envolvimento de alto nível é necessário para promover uma cultura de qualidade e garantir que os recursos necessários sejam alocados corretamente.

A alta administração deve se envolver ativamente na definição das metas, prioridades e estratégias da governança de dados, reconhecendo a importância da qualidade dos dados para o sucesso das iniciativas municipais.

2. Estrutura organizacional adequada: é importante estabelecer uma estrutura organizacional clara e adequada para a gestão da qualidade dos dados.

Isso inclui designar uma equipe de governança de dados que seja responsável por supervisionar e coordenar todas as atividades relacionadas à qualidade dos dados.

A estrutura organizacional deve definir papéis e responsabilidades claras para os diferentes atores envolvidos, promovendo a colaboração eficaz entre as unidades da instituição.

3. Políticas e diretrizes claras: a instituição deve desenvolver políticas e diretrizes claras para a gestão da qualidade dos dados.

Essas políticas devem estabelecer os princípios, objetivos e requisitos de qualidade dos dados, fornecendo uma base sólida para toda a governança de dados.

As diretrizes devem orientar os processos de coleta, validação, limpeza e transformação dos dados, garantindo a conformidade com as melhores práticas de qualidade de dados.

4. Infraestrutura tecnológica adequada: é importante garantir que a instituição tenha os sistemas e as ferramentas adequadas para coletar, armazenar, analisar e monitorar os dados de forma confiável e segura.

A infraestrutura tecnológica deve atender aos requisitos de qualidade dos dados, garantindo integridade, consistência e acessibilidade deles.

5. Capacitação e conscientização: é essencial investir em capacitação e conscientização dos colaboradores da instituição.

Treinamentos e workshops devem ser fornecidos para capacitar os colaboradores em relação às melhores práticas de qualidade dos dados.

Além disso, é necessário criar uma cultura de dados de qualidade, incentivando a conscientização sobre a importância da qualidade dos dados em todos os níveis da organização.

2.10 Implementando a gestão de metadados.

A governança de dados no contexto da inteligência artificial (IA) requer uma abordagem metodológica que vá além da simples organização e classificação de dados.

Entre os elementos primordiais desse processo, destaca-se a gestão de metadados, que se apresenta como uma atividade essencial para assegurar a qualidade, rastreabilidade e consistência dos dados utilizados no desenvolvimento e operação de soluções baseadas em IA.

O conceito de metadados transcende a definição técnica de "dados sobre dados", para representar, na prática, a camada interpretativa e descritiva que proporciona significado e contexto à massa de informações gerada, manipulada e analisada dentro dos sistemas.

A gestão de metadados, em seu âmago, consiste na implementação de um sistema coordenado e estruturado que permita coletar, armazenar, organizar e distribuir informações sobre os dados, seus processos e seus usos.

No cenário da IA, essa tarefa se torna ainda mais crítica, dado o volume, a variedade e a velocidade com que os dados são produzidos e consumidos.

A correta implementação da gestão de metadados é um pré-requisito para uma governança de dados robusta, pois não apenas possibilita o controle de qualidade dos dados, mas também facilita a transparência, a auditabilidade e a conformidade com regulamentos e legislações aplicáveis.

2.10.1 Atores da Gestão da Qualidade dos Dados

A gestão de metadados requer a participação de diversos atores, cada um com responsabilidades específicas dentro da estrutura de governança de dados. Esses atores desempenham papéis complementares, e o êxito da gestão depende da integração e da colaboração eficaz entre eles.

Equipe de Governança de Dados: A equipe de governança de dados é a principal responsável por estabelecer as políticas, diretrizes e frameworks que orientam a coleta, o armazenamento e o uso dos metadados.

Esses profissionais devem possuir uma visão estratégica que abranja não apenas os aspectos técnicos da gestão de dados, mas também a conformidade legal e regulatória, o que é particularmente relevante em um contexto no qual os dados estão cada vez mais sujeitos a regulamentações, como o Regulamento Geral sobre a Proteção de Dados (GDPR) na Europa e a Lei Geral de Proteção de Dados (LGPD) no Brasil.

A equipe de governança deve ser capaz de alinhar as estratégias de metadados com os objetivos de negócio da organização, assegurando que as iniciativas de IA operem de maneira ética e eficaz.

Proprietários de Dados: São os responsáveis por garantir a integridade, a precisão e a disponibilidade dos dados que gerenciam.

Os proprietários de dados, ou "stewards", desempenham um papel crucial na governança dos metadados, pois são eles que supervisionam o ciclo de vida dos dados, garantindo que as informações coletadas, armazenadas e manipuladas estejam de acordo com as normas de qualidade estabelecidas pela organização.

Eles atuam como guardiões dos dados, promovendo a interoperabilidade e a consistência dos metadados em diferentes departamentos e sistemas.

Especialistas em Qualidade de Dados: Os especialistas em qualidade de dados possuem o papel técnico de definir padrões e métricas para a avaliação e monitoramento da qualidade dos metadados.

Esses profissionais são fundamentais para garantir que os dados utilizados nas aplicações de IA estejam corretos, completos e atualizados.

O trabalho desses especialistas é de extrema relevância no contexto da IA, pois, a qualidade dos metadados afeta diretamente a performance dos modelos de aprendizado de máquina, que dependem de dados precisos e consistentes para gerar resultados confiáveis.

Profissionais de TI: A implementação da gestão de metadados exige uma infraestrutura tecnológica robusta, o que envolve diretamente os profissionais de tecnologia da informação.

São eles os responsáveis pela manutenção e atualização dos sistemas de gerenciamento de metadados, além de garantir que as plataformas de dados utilizadas pela organização sejam seguras, escaláveis e compatíveis com as demandas atuais de processamento de grandes volumes de dados.

Sua contribuição é indispensável para o funcionamento fluido da governança de metadados em IA, especialmente em cenários que exigem alta disponibilidade e segurança.

Usuários Finais: Embora muitas vezes subestimados, os usuários finais são peças-chave na governança de dados, pois são eles que interagem diretamente com as informações e, portanto, precisam de metadados acessíveis e compreensíveis.

Eles também desempenham um papel importante na validação da usabilidade dos dados e dos metadados, garantindo que as descrições e contextos fornecidos pelos metadados sejam suficientes para o entendimento e aplicação adequados das informações.

2.10.2 Aspectos-Chave

A implementação eficaz da gestão de metadados na governança de dados com IA exige a consideração de vários aspectos-chave. Esses fatores representam os principais pré-requisitos para o sucesso de uma iniciativa de metadados e devem ser cuidadosamente avaliados e planejados por todas as partes envolvidas.

Comprometimento da Alta Administração: Sem o apoio da alta administração, a implementação da gestão de metadados dificilmente será bem-sucedida.

O comprometimento da liderança é essencial para garantir que as políticas e práticas relacionadas aos metadados sejam priorizadas dentro da organização e que os recursos necessários sejam alocados.

A administração deve promover uma cultura de dados que valorize a precisão, a transparência e a rastreabilidade, além de incentivar a adesão às políticas de metadados por todos os níveis da organização.

Estrutura Organizacional Adequada: A governança de metadados requer uma estrutura organizacional que seja capaz de suportar as demandas de coordenação e comunicação entre os diferentes atores envolvidos no processo.

Isso inclui a definição clara de responsabilidades e atribuições para cada equipe e profissional, além da criação de um fluxo de comunicação eficiente entre os departamentos de TI, qualidade de dados e os usuários finais.

Uma estrutura bem definida ajuda a evitar a duplicação de esforços e garante que as iniciativas de metadados estejam alinhadas aos objetivos estratégicos da organização.

Políticas e Diretrizes Claras: Para que a gestão de metadados seja eficaz, é imprescindível que a organização estabeleça políticas e diretrizes claras.

Essas políticas devem definir como os metadados serão coletados, armazenados, categorizados e utilizados, além de especificar os padrões de qualidade que devem ser seguidos. Diretrizes claras também ajudam a assegurar a conformidade com leis e regulamentações, evitando problemas jurídicos e de governança.

Infraestrutura Tecnológica Adequada: A infraestrutura tecnológica é a base sobre a qual a gestão de metadados se apoia. Ferramentas e sistemas apropriados são necessários para possibilitar a coleta e o armazenamento de grandes volumes de metadados de forma eficiente, além de garantir a integração entre diferentes plataformas de dados.

A escolha de soluções de tecnologia adequadas, como sistemas de gerenciamento de metadados (MDMS), é essencial para o sucesso de qualquer iniciativa de metadados, especialmente no contexto da IA, onde a quantidade de dados processados pode ser massiva.

Capacitação e Conscientização: A implementação de uma gestão eficaz de metadados também depende da capacitação contínua dos profissionais envolvidos.

Todos os atores, desde a equipe de governança até os usuários finais, precisam ser treinados para compreender a importância dos metadados e como utilizá-los adequadamente.

A conscientização sobre o valor da governança de metadados deve ser disseminada pela organização, criando uma cultura de dados onde o uso responsável e ético das informações seja um princípio fundamental.

3 Conclusão.

Ao longo deste volume, exploramos de forma detalhada e prática os principais elementos para a implantação de uma governança de dados eficaz no contexto da inteligência artificial.

Desde a distinção entre governança e gestão de dados até a implementação de componentes críticos, como a gestão da qualidade dos dados, segurança da informação, metadados, e dados mestres, o livro ofereceu um roteiro completo para aqueles que desejam estruturar e organizar seus dados de forma que suportem decisões estratégicas, embasadas e seguras.

Aprendemos que a governança de dados é mais do que um conjunto de boas práticas — ela é o pilar que sustenta a confiança nos dados e, por consequência, o bom funcionamento dos sistemas de inteligência artificial.

Governar os dados é garantir que eles sejam acessíveis, confiáveis e estejam em conformidade com regulamentos globais e setoriais, ao mesmo tempo em que preservam a segurança e a privacidade.

Cada seção do livro foi desenvolvida com o objetivo de capacitar profissionais a identificar os atores e os aspectos-chave de cada área, levando a uma gestão de dados eficiente, estruturada e adaptável às exigências do mercado moderno.

No entanto, compreender a governança de dados é apenas o início de uma jornada maior e mais complexa. A inteligência artificial, em toda a sua profundidade e potencial, requer uma visão integrada e holística para ser bem-sucedida.

Este volume é apenas um passo dentro dessa jornada essencial. Ele faz parte da coleção "Inteligência Artificial: o Poder dos Dados", que explora, em profundidade, diferentes aspectos da IA e da ciência de dados.

Os demais volumes dessa coleção abordam temas igualmente críticos, como a integração de sistemas de IA, a análise preditiva e o uso de algoritmos avançados para tomada de decisões.

Ao adquirir e ler os demais livros, você terá a oportunidade de desenvolver uma compreensão completa e profunda que permitirá não só otimizar a governança de dados em sua organização, mas também aproveitar todo o poder da inteligência artificial para transformar suas operações e gerar valor contínuo.

Invista em sua capacitação, amplie sua visão e prepare-se para liderar a transformação digital. A jornada está apenas começando, e o domínio dos dados e da IA é o diferencial que impulsionará sua organização ao próximo nível.

4 Glossário.

"Um glossário bem desenvolvido é vital para assegurar a clareza e a consistência da terminologia dentro de uma organização, facilitando a comunicação e a compreensão entre todas as partes interessadas."

Sue Ellen Wright[4]

1   Acesso Controlado. Mecanismo de segurança que restringe o acesso a dados ou sistemas somente a usuários ou processos autorizados. Utiliza credenciais como senhas, tokens e certificados.

2   Anonimização de Dados. Processo de remoção ou alteração de informações pessoais para que o titular dos dados não possa ser identificado direta ou indiretamente.

3   API (Application Programming Interface). Conjunto de rotinas e padrões de programação que permite a integração de sistemas e o compartilhamento de dados entre diferentes aplicações.

4   Armazenamento em Nuvem. Serviço que permite armazenar dados em servidores remotos, acessíveis pela internet,

---

[4] Sue Ellen Wright é uma especialista em terminologia e tradução técnica, professora da Kent State University e uma das autoras do "Handbook of Terminology Management". Ela é importante porque seu trabalho enfatiza a relevância de práticas terminológicas na gestão do conhecimento e na tradução, abordando como a padronização de termos e a criação de glossários podem otimizar a comunicação, reduzir erros e aumentar a eficiência em diversos contextos profissionais e acadêmicos.

oferecendo escalabilidade e flexibilidade para armazenamento de grandes volumes de dados.

5   Arquitetura de Dados. Estrutura organizacional que define como os dados são coletados, armazenados, gerenciados e utilizados em uma organização, visando otimizar o fluxo de informações.

6   Auditoria de Dados. Processo de revisão e avaliação sistemática dos dados e de como eles são gerenciados, para garantir conformidade com as políticas de governança e regulamentações.

7   Autoridade Nacional de Proteção de Dados (ANPD). Órgão responsável pela fiscalização e aplicação da Lei Geral de Proteção de Dados (LGPD) no Brasil, garantindo a proteção de dados pessoais.

8   BI (Business Intelligence). Conjunto de tecnologias e estratégias usadas para a análise de dados empresariais, fornecendo insights que ajudam na tomada de decisões estratégicas.

9   Big Data. Conjunto de dados extremamente grandes e complexos que exigem tecnologias avançadas para armazenamento, processamento e análise.

10   Chave Primária. Um campo ou grupo de campos em um banco de dados que identifica de forma única cada registro em uma tabela, garantindo a integridade dos dados.

11   Compliance. Conformidade com leis, regulamentos, normas e políticas internas que governam a coleta, uso, armazenamento e descarte de dados.

12   Consistência de Dados. Garantia de que os dados mantidos em diferentes sistemas ou locais sejam uniformes e corretos em todas as suas instâncias.

13 Cópia de Segurança (Backup). Cópia de dados feita para prevenir a perda de informações em caso de falha no sistema, permitindo a recuperação dos dados.

14 Criptografia. Técnica de segurança que codifica dados para protegê-los contra acessos não autorizados, garantindo confidencialidade e integridade.

15 Curadoria de Dados. Processo de gerenciamento ativo de dados para garantir sua qualidade, acessibilidade e relevância ao longo do tempo.

16 Data Governance. Conjunto de práticas e políticas que garantem o uso responsável e eficiente dos dados dentro de uma organização, abrangendo segurança, qualidade e conformidade.

17 Data Lake. Armazenamento centralizado de grandes volumes de dados não estruturados ou semi-estruturados, utilizados para análises avançadas.

18 Data Steward. Profissional responsável pela supervisão e implementação das políticas de governança de dados, garantindo sua qualidade e conformidade.

19 Data Warehouse. Repositório de dados estruturados que integra informações de várias fontes para suportar relatórios e análises empresariais.

20 Deduplicação. Processo de eliminação de registros duplicados em uma base de dados, garantindo a singularidade e precisão das informações.

21 Desenvolvimento de Dados. Atividade que envolve a criação, manutenção e melhoria de sistemas de dados, incluindo modelagem, integração e atualização de bases de dados.

22 Escalabilidade. Capacidade de um sistema ou processo de se expandir para lidar com o aumento da quantidade de dados ou usuários sem perda de desempenho.

23 Estrutura de Chave Estrangeira. Um campo em uma tabela de banco de dados que cria uma relação entre duas tabelas, conectando-as e garantindo a integridade referencial dos dados.

24 ETL (Extract, Transform, Load). Processo que envolve a extração de dados de várias fontes, sua transformação em um formato adequado e o carregamento em um repositório como um data warehouse.

25 GDPR (General Data Protection Regulation). Regulamento europeu que define regras rígidas para a proteção de dados pessoais e a privacidade dos cidadãos da União Europeia.

26 Gestão da Arquitetura de Dados. Atividade que envolve a definição e supervisão da infraestrutura de dados de uma organização, incluindo a escolha de tecnologias, padrões e políticas de governança.

27 Gestão de Conteúdo. Processo de administração de documentos e informações não estruturadas, como arquivos de texto, e-mails e imagens, para garantir sua organização e acessibilidade.

28 Gestão de Dados Mestres (MDM). Práticas e processos que garantem que os dados principais (clientes, produtos, fornecedores) sejam consistentes, precisos e atualizados em toda a organização.

29 Gestão de Metadados. Atividade de gerenciamento de dados sobre dados, fornecendo informações como origem, formato, estrutura e contexto dos dados para facilitar sua compreensão e uso.

30 Gestão de Qualidade de Dados. Conjunto de práticas que garantem a precisão, integridade, consistência e relevância dos dados, minimizando erros e falhas em sistemas de informação.

31 Gestão de Segurança de Dados. Conjunto de práticas e tecnologias usadas para proteger os dados contra acessos não autorizados, vazamentos e outras ameaças à privacidade e integridade.

32 Gestão de Sistema Gerenciador de Banco de Dados (SGBD). Administração das operações de sistemas que armazenam, gerenciam e permitem o acesso eficiente a grandes volumes de dados.

33 Governança de Dados. Conjunto de práticas, processos e estruturas organizacionais que garantem a gestão eficiente, segura e ética dos dados de uma organização.

34 Integridade dos Dados. Qualidade que garante que os dados estão corretos, consistentes e não foram alterados de maneira não autorizada durante sua transmissão ou armazenamento.

35 Interoperabilidade de Dados. Capacidade de diferentes sistemas de compartilhar, interpretar e utilizar dados de forma integrada e eficiente.

36 LGPD (Lei Geral de Proteção de Dados). Lei brasileira que regula o uso, coleta e tratamento de dados pessoais, garantindo a privacidade e a proteção dos indivíduos.

37 Metadados. Dados que descrevem outros dados, fornecendo informações como origem, formato, estrutura e contexto, essenciais para a organização e utilização eficaz dos dados.

38 Modelagem de Dados. Processo de criação de representações abstratas que definem a estrutura e os relacionamentos entre diferentes elementos de dados em um sistema.

39 Monitoramento Contínuo de Dados. Processo de verificação contínua da qualidade, integridade e segurança dos dados para identificar e corrigir problemas em tempo real.

40 Normalização. Processo de organização de dados em um banco de dados, eliminando redundâncias e garantindo que os dados sejam armazenados de maneira eficiente e consistente.

41 NoSQL. Categoria de banco de dados que não utiliza o modelo relacional tradicional, permitindo o armazenamento e a manipulação de grandes volumes de dados não estruturados.

42 Pseudonimização. Técnica que substitui dados identificáveis por um pseudônimo, garantindo a proteção da privacidade, mas permitindo o uso dos dados para análise.

43 Qualidade de Dados. Conjunto de atributos que determinam a confiabilidade dos dados, como precisão, completude, atualidade e relevância.

44 Ranking de Modelos de Dados. Avaliação de diferentes modelos de dados em termos de sua eficiência, capacidade de escalar e atender aos requisitos organizacionais.

45 Requisitos Funcionais. Especificações que definem as funções e comportamentos que um sistema ou aplicação deve executar, geralmente relacionadas ao processamento de dados.

46 Requisitos Não Funcionais. Critérios que definem como um sistema deve operar, incluindo aspectos como desempenho, segurança, escalabilidade e confiabilidade.

47 Segurança da Informação. Conjunto de práticas e tecnologias que protegem dados e informações contra acessos não autorizados, uso indevido, interrupções e danos.

48 SLA (Service Level Agreement). Acordo formal entre prestador de serviços e cliente, que define os níveis de serviço esperados, incluindo disponibilidade e desempenho de sistemas de dados.

49 SQL (Structured Query Language). Linguagem de programação usada para gerenciar e consultar dados em sistemas de banco de dados relacionais.

50 Steward de Dados. Profissional responsável por garantir que os dados sejam geridos de maneira ética, eficiente e em conformidade com as políticas da organização.

51 Tabela de Verificação de Qualidade. Ferramenta usada para auditar a qualidade dos dados, avaliando diversos critérios como consistência, integridade e conformidade com as políticas de governança.

52 Transformação Digital. Processo de integração de tecnologias digitais em todas as áreas de uma organização, mudando fundamentalmente a maneira como a empresa opera e entrega valor.

53 Validação de Dados. Processo de verificação para garantir que os dados estejam corretos, precisos e em conformidade com as regras de negócio e requisitos do sistema.

54 Web Service. Serviço baseado em padrões da web, que permite a interoperabilidade entre sistemas, facilitando a troca de dados e a comunicação entre aplicações em diferentes plataformas.

5   Referências bibliográficas.

ABITEBOUL, S.; HULL, R.; VIANU, V. (1995). Foundations of Databases. Addison-Wesley.

B. SETTLES, Active learning literature survey, Technical Report, University of Wisconsin-Madison D partment of Computer Sciences, 2009.

BERTINO, E.; SANDHU, R. (2005). Database Security – Concepts, Approaches, and Challenges. IEEE Computer Society.

CHEN, M.; MAO, S.; LIU, Y. (2014). Big Data: A Survey. Springer.

Data Management Association International (DAMA). (2020). "Data Governance Best Practices for NoSQL Databases and Graphs". DAMA White Paper Series, 7.

DAVENPORT, T.H., & DYCHE, J. (2013). Big Data in Big Companies. Harvard Business Review, 91(6), 60-68.

DOU, W.; XU, L.; ZHANG, Z. (2017). Big Data and Smart Service Systems. Springer.

ECK, D. M. (2019). Governance of Data: Implementing Data Governance Programs. Wiley.

EMERSON, D. (2015). The Data Governance Imperative: A Guide to Aligning Data Governance with Business Strategy. Wiley.

FERNÁNDEZ-MACÍAS, E.; GRAHAM, M.; LUCIANO, F. (2020). The Ethics of Artificial Intelligence in the Age of Digital Capitalism. Oxford University Press.

FLORES, A. W.; BEYNON-DAVIES, P. (2020). Data Governance: How to Design, Deploy, and Sustain an Effective Data Governance Program. Springer.

FRANK, M.; RONEN, B.; VARDI, G. (2018). Data Governance: A Practitioner's Guide to Data Management and Governance. Wiley.

GARTNER, L.; KAMINSKY, M. (2018). Implementing Effective Data Governance: A Guide to Unlocking Value from Data Assets. McGraw-Hill.

GOERTZEL, B. (2014). Artificial general intelligence: concept, state of the art, and future prospects. Journal of Artificial General Intelligence, 5(1), 1.

HALL, P.; ALUR, R.; HAWKING, S. (2015). Artificial Intelligence: Foundations of Computational Agents. Cambridge University Press.

HARDING, L. (2017). The Data Governance Framework: How to Design, Build, and Sustain an Effective Data Governance Program. Wiley.

HASHEM, I. A. T.; YAZDI, M.; CHEN, C. (2018). The Role of Big Data and AI in Transforming Business Governance: Impacts and Ethical Challenges. Wiley.

HEINEMANN, K.; ALLERT, J. (2020). Big Data Governance: The Role of Governance in Big Data and Artificial Intelligence Projects. Springer.

HUANG, G.; SHAH, S. (2019). Artificial Intelligence for Data-Driven Decisions: Best Practices and Case Studies. Oxford University Press.

IMHOFF, C. (2020). Holistic Approach to Data Governance for AI. Boulder BI Brain Trust.

JOHNSON, M. (2018). Data Quality: A Key Factor in Machine.

JONES, A. et al. (2018). "Implementing Data Governance in a NoSQL Graph Database Environment". Proceedings of the International Conference on Data Management, 132-145.

KAPLAN, A.; HAENLEIN, M. (2019). Artificial Intelligence: A Guide for Thinking Humans. Oxford University Press.

KITCHIN, R. (2014). The Data Revolution: Big Data, Open Data, Data Infrastructures and Their Consequences. SAGE Publications.

LADLEY, J. (2019). Data Governance: How to Design, Deploy, and Sustain an Effective Data Governance Program. Oxford, UK: Elsevier.

MAYER-SCHÖNBERGER, V.; CUKIER, K. (2013). Big Data: A Revolution That Will Transform How We Live, Work, and Think. Houghton Mifflin Harcourt.

MILLER, S. M. (2018). The Practical Guide to Data Governance: How to Design, Implement, and Sustain an Effective Data Governance Program. Addison-Wesley.

REDMAN, R T.C. (2008). Data Governance. Bridgewater, NJ: Technics Publications.

REDMAN, T.C. & SOARES, D. D. (2021). Application of AI in Data Governance. AI Magazine, 37(4), 78-85.

SOARES, S. (2013). Big Data Governance: An Emerging Imperative. MC Press.

WESKE, M. (2019). Business Process Management: Concepts, Languages, Architectures. Springer.

WIECZOREK, M., & MERTENS, P. (2019). Data Governance: A Practical Guide. Englewood Cliffs, NJ: Prentice Hall.

ZHU, H.; GRANT, D. (2019). Building a Data Governance Framework: A Practitioner's Guide for Managing Data as a Strategic Asset. Wiley.

6 Descubra a Coleção Completa "Inteligência Artificial e o Poder dos Dados" – Um Convite para Transformar sua Carreira e Conhecimento.

A Coleção "Inteligência Artificial e o Poder dos Dados" foi criada para quem deseja não apenas entender a Inteligência Artificial (IA), mas também aplicá-la de forma estratégica e prática.

Em uma série de volumes cuidadosamente elaborados, desvendo conceitos complexos de maneira clara e acessível, garantindo ao leitor uma compreensão completa da IA e de seu impacto nas sociedades modernas.

Não importa seu nível de familiaridade com o tema: esta coleção transforma o difícil em didático, o teórico em aplicável e o técnico em algo poderoso para sua carreira.

6.1 Por Que Comprar Esta Coleção?

Estamos vivendo uma revolução tecnológica sem precedentes, onde a IA é a força motriz em áreas como medicina, finanças, educação, governo e entretenimento.

A coleção "Inteligência Artificial e o Poder dos Dados" mergulha profundamente em todos esses setores, com exemplos práticos e reflexões que vão muito além dos conceitos tradicionais.

Você encontrará tanto o conhecimento técnico quanto as implicações éticas e sociais da IA incentivando você a ver essa tecnologia não apenas como uma ferramenta, mas como um verdadeiro agente de transformação.

Cada volume é uma peça fundamental deste quebra-cabeça inovador: do aprendizado de máquina à governança de dados e da ética à aplicação prática.

Com a orientação de um autor experiente, que combina pesquisa acadêmica com anos de atuação prática, esta coleção é mais do que um conjunto de livros – é um guia indispensável para quem quer navegar e se destacar nesse campo em expansão.

6.2   Público-Alvo desta Coleção?

Esta coleção é para todos que desejam ter um papel de destaque na era da IA:

✓ Profissionais da Tecnologia: recebem insights técnicos profundos para expandir suas habilidades.

✓ Estudantes e Curiosos: têm acesso a explicações claras que facilitam o entendimento do complexo universo da IA.

✓ Gestores, líderes empresariais e formuladores de políticas também se beneficiarão da visão estratégica sobre a IA, essencial para a tomada de decisões bem-informadas.

✓ Profissionais em Transição de Carreira: Profissionais em transição de carreira ou interessados em se especializar em IA encontram aqui um material completo para construir sua trajetória de aprendizado.

6.3   Muito Mais do Que Técnica – Uma Transformação Completa.

Esta coleção não é apenas uma série de livros técnicos; é uma ferramenta de crescimento intelectual e profissional.

Com ela, você vai muito além da teoria: cada volume convida a uma reflexão profunda sobre o futuro da humanidade em um mundo onde máquinas e algoritmos estão cada vez mais presentes.

Este é o seu convite para dominar o conhecimento que vai definir o futuro e se tornar parte da transformação que a Inteligência Artificial traz ao mundo.

Seja um líder em seu setor, domine as habilidades que o mercado exige e prepare-se para o futuro com a coleção "Inteligência Artificial e o Poder dos Dados".

Esta não é apenas uma compra; é um investimento decisivo na sua jornada de aprendizado e desenvolvimento profissional.

Prof. Marcão - Marcus Vinícius Pinto

Mestre em Tecnologia da Informação.

Especialista em Inteligência Artificial, Governança de Dados e Arquitetura de Informação.

7   Os Livros da Coleção.

7.1   Dados, Informação e Conhecimento na era da Inteligência Artificial.

Este livro explora de forma essencial as bases teóricas e práticas da Inteligência Artificial, desde a coleta de dados até sua transformação em inteligência. Ele foca, principalmente, no aprendizado de máquina, no treinamento de IA e nas redes neurais.

7.2   Dos Dados em Ouro: Como Transformar Informação em Sabedoria na Era da IA.

Este livro oferece uma análise crítica sobre a evolução da Inteligência Artificial, desde os dados brutos até a criação de sabedoria artificial, integrando redes neurais, aprendizado profundo e modelagem de conhecimento.

Apresenta exemplos práticos em saúde, finanças e educação, e aborda desafios éticos e técnicos.

7.3   Desafios e Limitações dos Dados na IA.

O livro oferece uma análise profunda sobre o papel dos dados no desenvolvimento da IA explorando temas como qualidade, viés, privacidade, segurança e escalabilidade com estudos de caso práticos em saúde, finanças e segurança pública.

7.4   Dados Históricos em Bases de Dados para IA: Estruturas, Preservação e Expurgo.

Este livro investiga como a gestão de dados históricos é essencial para o sucesso de projetos de IA. Aborda a relevância das normas ISO para garantir qualidade e segurança, além de analisar tendências e inovações no tratamento de dados.

7.5 Vocabulário Controlado para Dicionário de Dados: Um Guia Completo.

Este guia completo explora as vantagens e desafios da implementação de vocabulários controlados no contexto da IA e da ciência da informação. Com uma abordagem detalhada, aborda desde a nomeação de elementos de dados até as interações entre semântica e cognição.

7.6 Curadoria e Administração de Dados para a Era da IA.

Esta obra apresenta estratégias avançadas para transformar dados brutos em insights valiosos, com foco na curadoria meticulosa e administração eficiente dos dados. Além de soluções técnicas, aborda questões éticas e legais, capacitando o leitor a enfrentar os desafios complexos da informação.

7.7 Arquitetura de Informação.

A obra aborda a gestão de dados na era digital, combinando teoria e prática para criar sistemas de IA eficientes e escaláveis, com insights sobre modelagem e desafios éticos e legais.

7.8 Fundamentos: O Essencial para Dominar a Inteligência Artificial.

Uma obra essencial para quem deseja dominar os conceitos-chave da IA, com uma abordagem acessível e exemplos práticos. O livro explora inovações como Machine Learning e Processamento de Linguagem Natural, além dos desafios éticos e legais e oferece uma visão clara do impacto da IA em diversos setores.

7.9 LLMS - Modelos de Linguagem de Grande Escala.

Este guia essencial ajuda a compreender a revolução dos Modelos de Linguagem de Grande Escala (LLMs) na IA.

O livro explora a evolução dos GPTs e as últimas inovações em interação humano-computador, oferecendo insights práticos sobre seu impacto em setores como saúde, educação e finanças.

7.10 Machine Learning: Fundamentos e Avanços.

Este livro oferece uma visão abrangente sobre algoritmos supervisionados e não supervisionados, redes neurais profundas e aprendizado federado. Além de abordar questões de ética e explicabilidade dos modelos.

7.11 Por Dentro das Mentes Sintéticas.

Este livro revela como essas 'mentes sintéticas' estão redefinindo a criatividade, o trabalho e as interações humanas. Esta obra apresenta uma análise detalhada dos desafios e oportunidades proporcionados por essas tecnologias, explorando seu impacto profundo na sociedade.

7.12 A Questão dos Direitos Autorais.

Este livro convida o leitor a explorar o futuro da criatividade em um mundo onde a colaboração entre humanos e máquinas é uma realidade, abordando questões sobre autoria, originalidade e propriedade intelectual na era das IAs generativas.

7.13 1121 Perguntas e Respostas: Do Básico ao Complexo– Parte 1 A 4.

Organizadas em quatro volumes, estas perguntas servem como guias práticos essenciais para dominar os principais conceitos da IA.

A Parte 1 aborda informação, dados, geoprocessamento, a evolução da inteligência artificial, seus marcos históricos e conceitos básicos.

A Parte 2 aprofunda-se em conceitos complexos como aprendizado de máquina, processamento de linguagem natural, visão computacional, robótica e algoritmos de decisão.

A Parte 3 aborda questões como privacidade de dados, automação do trabalho e o impacto de modelos de linguagem de grande escala (LLMs).

Parte 4 explora o papel central dos dados na era da inteligência artificial, aprofundando os fundamentos da IA e suas aplicações em áreas como saúde mental, governo e combate à corrupção.

7.14 O Glossário Definitivo da Inteligência Artificial.

Este glossário apresenta mais de mil conceitos de inteligência artificial explicados de forma clara, abordando temas como Machine Learning, Processamento de Linguagem Natural, Visão Computacional e Ética em IA.

- A parte 1 contempla conceitos iniciados pelas letras de A a D.
- A parte 2 contempla conceitos iniciados pelas letras de E a M.
- A parte 3 contempla conceitos iniciados pelas letras de N a Z.

7.15 Engenharia de Prompt - Volumes 1 a 6.

Esta coleção abrange todos os fundamentos da engenharia de prompt, proporcionando uma base completa para o desenvolvimento profissional.

Com uma rica variedade de prompts para áreas como liderança, marketing digital e tecnologia da informação, oferece exemplos práticos para melhorar a clareza, a tomada de decisões e obter insights valiosos.

Os volumes abordam os seguintes assuntos:

- Volume 1: Fundamentos. Conceitos Estruturadores e História da Engenharia de Prompt.
- Volume 2: Segurança e Privacidade em IA.
- Volume 3: Modelos de Linguagem, Tokenização e Métodos de Treinamento.
- Volume 4: Como Fazer Perguntas Corretas.
- Volume 5: Estudos de Casos e Erros.
- Volume 6: Os Melhores Prompts.

7.16 Guia para ser um Engenheiro De Prompt – Volumes 1 e 2.

A coleção explora os fundamentos avançados e as habilidades necessárias para ser um engenheiro de prompt bem-sucedido, destacando os benefícios, riscos e o papel crítico que essa função desempenha no desenvolvimento da inteligência artificial.

O Volume 1 aborda a elaboração de prompts eficazes, enquanto o Volume 2 é um guia para compreender e aplicar os fundamentos da Engenharia de Prompt.

7.17 Governança de Dados com IA – Volumes 1 a 3.

Descubra como implementar uma governança de dados eficaz com esta coleção abrangente. Oferecendo orientações práticas, esta coleção abrange desde a arquitetura e organização de dados até a proteção e garantia de qualidade, proporcionando uma visão completa para transformar dados em ativos estratégicos.

O volume 1 aborda as práticas e regulações. O volume 2 explora em profundidade os processos, técnicas e melhores práticas para realizar auditorias eficazes em modelos de dados. O volume 3 é seu guia definitivo para implantação da governança de dados com IA.

7.18 Governança de Algoritmos.

Este livro analisa o impacto dos algoritmos na sociedade, explorando seus fundamentos e abordando questões éticas e regulatórias. Aborda transparência, accountability e vieses, com soluções práticas para auditar e monitorar algoritmos em setores como finanças, saúde e educação.

7.19 De Profissional de Ti para Expert em IA: O Guia Definitivo para uma Transição de Carreira Bem-Sucedida.

Para profissionais de Tecnologia da Informação, a transição para a IA representa uma oportunidade única de aprimorar habilidades e contribuir para o desenvolvimento de soluções inovadoras que moldam o futuro.

Neste livro, investigamos os motivos para fazer essa transição, as habilidades essenciais, a melhor trilha de aprendizado e as perspectivas para o futuro do mercado de trabalho em TI.

7.20 Liderança Inteligente com IA: Transforme sua Equipe e Impulsione Resultados.

Este livro revela como a inteligência artificial pode revolucionar a gestão de equipes e maximizar o desempenho organizacional.

Combinando técnicas de liderança tradicionais com insights proporcionados pela IA, como a liderança baseada em análise preditiva, você aprenderá a otimizar processos, tomar decisões mais estratégicas e criar equipes mais eficientes e engajadas.

7.21 Impactos e Transformações: Coleção Completa.

Esta coleção oferece uma análise abrangente e multifacetada das transformações provocadas pela Inteligência Artificial na sociedade contemporânea.

- Volume 1: Desafios e Soluções na Detecção de Textos Gerados por Inteligência Artificial.
- Volume 2: A Era das Bolhas de Filtro. Inteligência Artificial e a Ilusão de Liberdade.
- Volume 3: Criação de Conteúdo com IA - Como Fazer?
- Volume 4: A Singularidade Está Mais Próxima do que Você Imagina.
- Volume 5: Burrice Humana versus Inteligência Artificial.
- Volume 6: A Era da Burrice! Um Culto à Estupidez?
- Volume 7: Autonomia em Movimento: A Revolução dos Veículos Inteligentes.
- Volume 8: Poiesis e Criatividade com IA.
- Volume 9: Dupla perfeita: IA + automação.
- Volume 10: Quem detém o poder dos dados?

7.22 Big Data com IA: Coleção Completa.

A coleção aborda desde os fundamentos tecnológicos e a arquitetura de Big Data até a administração e o glossário de termos técnicos essenciais.

A coleção também discute o futuro da relação da humanidade com o enorme volume de dados gerados nas bases de dados de treinamento em estruturação de Big Data.

- Volume 1: Fundamentos.
- Volume 2: Arquitetura.
- Volume 3: Implementação.
- Volume 4: Administração.
- Volume 5: Temas Essenciais e Definições.
- Volume 6: Data Warehouse, Big Data e IA.

8 Sobre o Autor.

Sou Marcus Pinto, mais conhecido como Prof. Marcão, especialista em tecnologia da informação, arquitetura da informação e inteligência artificial.

Com mais de quatro décadas de atuação e pesquisa dedicadas, construí uma trajetória sólida e reconhecida, sempre focada em tornar o conhecimento técnico acessível e aplicável a todos os que buscam entender e se destacar nesse campo transformador.

Minha experiência abrange consultoria estratégica, educação e autoria, além de uma atuação extensa como analista de arquitetura de informação.

Essa vivência me capacita a oferecer soluções inovadoras e adaptadas às necessidades em constante evolução do mercado tecnológico, antecipando tendências e criando pontes entre o saber técnico e o impacto prático.

Ao longo dos anos, desenvolvi uma expertise abrangente e aprofundada em dados, inteligência artificial e governança da informação – áreas que se tornaram essenciais para a construção de sistemas robustos e seguros, capazes de lidar com o vasto volume de dados que molda o mundo atual.

Minha coleção de livros, disponível na Amazon, reflete essa expertise, abordando temas como Governança de Dados, Big Data e Inteligência Artificial com um enfoque claro em aplicações práticas e visão estratégica.

Autor de mais de 150 livros, investigo o impacto da inteligência artificial em múltiplas esferas, explorando desde suas bases técnicas até as questões éticas que se tornam cada vez mais urgentes com a adoção dessa tecnologia em larga escala.

Em minhas palestras e mentorias, compartilho não apenas o valor da IA, mas também os desafios e responsabilidades que acompanham sua implementação – elementos que considero essenciais para uma adoção ética e consciente.

Acredito que a evolução tecnológica é um caminho inevitável. Meus livros são uma proposta de guia nesse trajeto, oferecendo insights profundos e acessíveis para quem deseja não apenas entender, mas dominar as tecnologias do futuro.

Com um olhar focado na educação e no desenvolvimento humano, convido você a se unir a mim nessa jornada transformadora, explorando as possibilidades e desafios que essa era digital nos reserva.

9   Como Contatar o Prof. Marcão.

9.1   Para palestras, treinamento e mentoria empresarial.

marcao.tecno@gmail.com

9.2   Prof. Marcão, no Linkedin.

https://bit.ly/linkedin_profmarcao

www.ingramcontent.com/pod-product-compliance
Lightning Source LLC
LaVergne TN
LVHW051537050326
832903LV00033B/4290